日本と世界の架け橋になった30の秘話

「戦争と平和」を考えるヒント

渡邊 毅

PHP文庫

○本表紙図柄＝ロゼッタ・ストーン（大英博物館蔵）
○本表紙デザイン＋紋章＝上田晃郷

まえがき

私の勤務する皇學館大学は、毎年、外国人短期留学生を招聘《しょうへい》し、「『伊勢』と日本スタディプログラム」事業を実施している。本学での学びを通じて「伊勢」及び日本についての理解を深めて頂き、学んだ内容や感じたことをインターネットやSNS等で発信し、世界における伊勢の知名度アップもはかろうとする取り組みである。

これは平成二十六年（二〇一四）から伊勢市と連携して開始され、ウクライナの学生さんたちも毎年のように二、三名参加されていた。そして、学んだ神宮や神道、伊勢の自然などの魅力についてレポートを書き、こんなふうに世界に発信してくださっていた。

「伊勢で過ごしたすべての時間に感謝しています。ウクライナの同僚からは、早速伊勢に関するミニ講義を頼まれているので、今から楽しみにしています」

「朝熊山《あさまやま》の風景と、神秘のベールに包まれたような二見ヶ浦の夫婦岩《めおといわ》を眺めたとき、息をのむほどの伊勢の自然にハッとしました。伊勢を通じて日本やその美の再発見ができ、担当の方々、先生方、ボランティアの皆さんに深く感謝申し上げます」

「私にとって伊勢、神道、そして日本について世界へ発信できたことは誇らしく光栄なことでもありました。ウクライナ人は一般的に日本に大きな関心を持っているので、もっと訪れるようになればと思います」

これらは、彼らのレポートのほんの一節を引用したまでだが、全文は本学ホームページに掲載されているので、ぜひご覧頂きたい。

これによって、今、世界中の人々に伊勢や日本のよさや美しさが伝えられている。有難いことだ。

しかし、キーウ大学などから来られた学生さんたちの、こうしたレポートを目の前にしていると、彼らは今どこで何をされているのだろうと思いやられる。「日本に大きな関心を持って」頂いていただけに、ロシアとの戦争が始まってから、ウクライナ学生の姿が本学で見られなくなったのはなんとも寂しく心が痛む。

伊勢のことや神道、日本の伝統を世界に発信してくださった彼らに改めて感謝し恩返しをしたい、と思った。

そこで、今自分にできることはなんだろうと考えた。そのヒントは、彼らが与えてくれた。彼らのように日本や世界との架け橋になった人たちには、自分が感じたように自ずと感謝の念や恩返しをしたいという気持ちがわいてくるのではないのか、と。

そして、そういう気持ちは平和の礎《いしずえ》になるだろう。そうだ、「日本と世界の架け橋になった人たち」の話を書こう。今自分にできることはそれぐらいしかないが、それでもささやかながら、平和構築へのアプローチやそのメッセージを放つことができるのではないか。微力だがやってみよう、決してそれは無力なことではない、と自分に言い聞かせた。

マンリオ・カデロ（サンマリノ共和国特命全権大使、駐日外交団長）が、こんなことをいっていたのを思い出した。

「日本は世界の平和と調和、福祉から経済発展でもリーダーになれる国だと考えています。なぜならば、どんな困難にも敢然《かんぜん》と立ち向かい、不屈の精神でそのたびに乗り越えてきた経験があるからです。このような国は現代社会において日本以外にはありません」（マンリオ・カデロ著『だから日本は世界から尊敬される』小学館）

本書に登場するのは、このカデロがいうように「不屈の精神で」「世界の平和と調和、福祉から経済発展」に貢献した人たちである。

前編は、そんな日本人たちの物語を集めた。

そして、後編では、「日本の恩人」ともいうべき外国人たちの秘話を描いた。日本を愛し、その美しさやこころを世界に向けて伝えてくれた人たち。日本との友好親善のために生涯を捧げた人たち。日本及び日本人の直面した危機を救ってくれた人たち。世界には、そうした「日本の恩人」がたくさんいることに、私は書きながら驚き、また感謝の念が募ってくるのをおぼえた。

お互いに感謝し合うことで、真の友好親善が生まれるにちがいない。本書で紹介した我が国とトルコの例などはその典型だろう。日本人であろうとなかろうと「世のため人のため」に働くことは、人々に感謝の念を生み、国と国との深くて長い友好親善をもたらすのである。

日本人は、平和を構築する叡智《えいち》と美徳を兼ね備えた国民だと思う。だから、日本はほんとうに世界に誇れる平和を実現してきたし、それを語る十分な資格と力がある。

日本人が温和で平和な国民であることは、歴史が証明しているだろう。

はるか昔、縄文時代は約一万年間に及ぶが、山口大学・岡山大学の研究グループによる全国二百四十二カ所から採取された人骨二千五百八十二点中、傷を受けた痕跡を調査した結果、暴力による死亡率は約一・八パーセントであったことが明らかになっている（英科学雑誌『バイオロジー・レターズ』）。

　これは、他国や他時代の暴力死亡率と比べると、五分の一以下と極めて低い数値であるという。つまり、この時代一万年余も戦争がなかったということだ。文明が進んだ時代でも我が国では暴力・戦争は少なく、平安時代が約三百九十年、江戸時代が二百六十年余。両時代を合わせると六百五十年余の平和な時代を私たちは持っている。ローマ帝国の「パックス・ロマーナ」と呼ばれた平和な時代が約二百年間である。ヨーロッパ、中国、インドといった当時の文明圏の国々で、日本以上に長期の平和を維持した歴史はないだろう。

　こういう長期的な平和を実現してきたので、例えば中国ではすでになくなった古書が日本に現存していることが多くみられる。服部《はっとり》宇《う》之《の》吉《きち》（中国哲学者）によれば、それは百二十七種に及ぶという。また、自国の典籍でも藤原道長《みちなが》（九六六～一〇二八）の日記『御堂関白記《みどうかんぱくき》』の原本十四巻が、一千年の時を隔てて近衛《このえ》家に伝わっている。

　中国にも、むろん敦煌《とんこう》の遺物など古いものは伝わっている。だが、それは石室《せきしつ》に死蔵され偶然に発見されたものだ。『御堂関白記』のように一千年単位の期間、家においてで人伝えで生きて残ってきているものは、大陸にはまず存在しないのではないか。

この人伝えで生きて残るというのが、平和のバロメーターである。紙や木は人の管理がないと、いつかは朽ちたり焼失したりしてしまうものである。人の手入れがなければ、長期間の保存維持は難しい。だから、世界最古の木造建築があったり、式年遷宮《せんぐう》で千数百年前の社殿の形式と精神が伝えられたりすることは、世界的視野から見れば奇跡に近いことなのである。

我が国の歴史を通じて、戦乱の世も皆無ではなかったが、しかしその中にあって防御の濠《ほり》も造られず、無法な武将とても武力を用いる意識がなかった場所が京都にあった。それが皇居であり、皇室が二千年以上続いてきたということが、我が国の平和を最も象徴しているといえよう。

また、江戸の街は当時三百人ほどの与力・同心だけで安全秩序が保てる世界最大の百万人都市だったが、現在でも東京は「世界一安全な都市」(『世界の都市安全性指数ランキング(Safe Cities Index)』)に選ばれている。自販機が設置されても盗難にあわないから、その普及率も世界一である。日本警察の交番制度が一九八〇年代にシンガポールに導入されたことをはじめとして、アジア諸国、米国、南米へと広がり採用されて、犯罪件数を大幅に減少させているそうだ。

「二〇二一 世界有数の国レポート（2021 Best Countries Report）」（『USニューズ&ワールド・レポート』）で、我が国は総合ランクで毎年上位に位置づけられているように世界で最も信用されている。その証拠に、日本人にはビザなしのパスポートだけで渡航できる国が百九十三カ国あり、これは世界第一位なのである。

このように奇跡的な平和と安全を築き上げてきた日本は、世界からその貢献を期待されているのではないのか。

現にマハティール・ビン・モハマド（元マレーシア首相）が、日本人に求めてこう語っていた。

「二十一世紀は、まさに世界中の人が助けあって仲良く生きていける時代にならなければならない。先進国がその富を、喜んで人助けのために使うのが二十一世紀のやり方でなければならない。隣人も、わたしも、ともに繁栄するという、共存共栄のやり方でなければならない。そのためには自己中心的な二十世紀のやり方ではいけないのである。〔中略〕人間が、互いの民族性、文化、宗教、価値観を認め合い、互いに干渉せずに、助けあって暮らすこと、つまり、『アジア的寛容性』をもたなければ、越えられないのである。そして、その『アジア的寛容性』をリードできるのは、ほかならぬ日本であることを、改めて日本人が自覚すべきである」（マハティール・ビン・モハマド著／橋本光平訳『日本人よ。成功の原点に戻れ』ＰＨＰ研究所）

マハティールがいう、助け合って仲良く共存・共栄をはかっていくという生き方は、すでに日本人がこれまで行ってきたことである。だから、こういう生き方を世界は待望しているのであろう。

世界平和というと大げさに聞こえるかもしれないが、私たちはその実現に決して悲観することはないと思う。

スティーブン・ピンカー著『暴力の人類史』を読んで、驚いた。

なんと、

「信じられないような話だが――ほとんどの人は信じないに決まっているが――長い歳月のあいだに人間の暴力は減少し、今日、私たちは人類が地上に出現して以来、最も平和な時代に暮らしているかもしれないのだ」（幾島幸子・塩原通緒訳『暴力の人類史』上下巻、青土社）

ということなのだそうだ。

ピンカーは人類の暴力の歴史を、大量の統計データと膨大な文献を引用して、持続的な暴力減少を示す事実の積み重ねとそのメカニズムについて考察し、私たちは人類史上最も平和な時代に暮らしているかもしれないという結論を出しているのである。

人類の営為は、暴力現象にポジティブな影響を与えてきたのだ。さらなる世界の共存・共栄と平和に向けて、日本人の叡智と美徳は大いに貢献できると希望をもとうではないか。

私は教育学部で教師の卵たちに接しているが、本書で掲げたような人たちの物語を子供たちに伝えることで一つの平和教育になるということを、彼らに伝えたいと思っている。

戦争の悲惨さや恐ろしさを教えることが、唯一の平和教育ではない。国境を越えてその国の繁栄や人々の幸福のために働いた日本人や、我が国のために尽力してくれた外国人たちの姿や事蹟を教えることも大切なことだと思う。いや、むしろその方が、希望や勇気をもって世のため人のため平和のために頑張ろうとする大人に育っていくだろうと思うのである。

最後になったが、本書がまさに「繁栄によって平和と幸福を」(Peace and Happiness through Prosperity) をモットーとする、松下幸之助翁のＰＨＰ研究所から出版できることを光栄に思うとともに、感謝の意を捧げたい。

本書の企画は、同研究所ビジネス・教養出版部の山口毅氏との談話の中で構想し生まれたものである。山口氏のアドバイスに心から感謝いたします。また、人物・年代チェック、事実関連の確認など校正には、今川小百合氏のお世話になりました。重ねてお礼申し上げます。

令和五年五月五日

渡邊　毅

凡例

○人名には原則（）内に生没年を付した。表記上煩雑さを避ける場合や不詳の場合には生没年を省略した場合がある。

○引用の典拠は（）内に記したが、表現上煩瑣《はんさ》になる場合は省略し、巻末に参考文献一覧を掲載した。

日本と世界の架け橋になった30の秘話●目次

第二章 恩讐や国境を越えて人を救う

第二章　異国の人々の繁栄と幸せを願って

後編　世界から日本への贈り物

前編

日本から世界へ放つメッセージ

第一章

敗者・弱者に手を差し伸べ、温かな心を

――人道と博愛の伝統

ウラルの子供たち八百人を救った陽明丸の大航海

日露両国女性の友情と執念の探索

「カヤハラ船長の遺族にお礼が言いたい！」ロシア人女性の切なる願い

ロシアの古都サンクトペテルブルグの秋は早い。紅葉も始まり、木々の葉が赤色や黄色に色づく九月の末に、北室南苑《きたむろなんえん》は市内の歴史文化児童図書館を訪れていた。南苑は、書・篆刻《てんこく》作家である。数年来温めてきた展覧会企画「ロシア絵本と篆刻との融合――或るアバン・ギャルド展」が、平成二十一年（二〇〇九）、ようやくここに実現し、一人興奮しながら展覧会初日を迎えていた。

この日は主催側の図書館で南苑をはじめ大勢の来賓が招待され、オープニング・パーティーが盛大に開かれた。パーティーが進む中、一人のロシア人中年女性が南苑の方に歩み寄り、名刺を差し出して突然話しかけてきた。

彼女の名は、オルガ・モルキナ。聞けば、人を探しているという。その人とは、九十年ほど前に起きた事件に関わる、ある船の日本人船長カヤハラの子孫ということだった。オルガは通訳の女性を伴い、資料ファイルを持参していた。

オルガが南苑に接触を試みたのは、説明によるとその船が室蘭《むろらん》に寄港しているので、南苑の苗字「北室」に何か関連があると思ったからだった。そして、オルガは南苑にその調査を依頼しに来たのである。

もちろん室蘭と北室が何らかの関係性があるはずはない。しかも同じ日本人とはいえ、「そんな古い話の調査は無理だ」と南苑は即座に断った。しかし、オルガは頑強にも再度南苑に願いを伝えた。

「ロシアにやってきた何人もの日本人に、これまで同じように依頼してきました。でも、この困難な調査を引き受けてくれる人は誰もいませんでした。それでぜひとも、あなたにお願いしたいのです」

南苑はついに根負けしてしまい、「今、即答はできないが資料だけは預かろう」と思わず口走ってしまった。オルガと別れ、ホテルに戻る車中、南苑は何やら計り知れない運命のようなものを感じとっていた。

〈もしかして、ロシアに来た本当の意味は、オルガとの出会いにあったのだろうか〉

帰国後、手渡された英文資料を改めて読んでみた。

資料には、

「一九一八年、ロシア革命の内戦時、首都ペテログラード（現サンクトペテルブルク）の戦火から逃れ、疎開先のウラルで難民になった子供たち約八〇〇人が、日本船『ヨウメイマル』に乗せられウラジオストクを出航し室蘭に最初寄港した」

とあった。

その後、子供たちを乗せたヨウメイマルは、日米関係者の連携で太平洋と大西洋を横断し、約三カ月間の大航海の末、両親たちのもとに無事帰還できたのだった。この出来事は救われた子供たちにとって終生忘れがたい思い出となり、それぞれ子孫にこの冒険的体験談が伝えられた。

オルガはその子孫であった。彼女の祖父母はともにこの冒険をしており、それが語られるとき、敬意を込めてカヤハラ船長の名を呼び深い感謝の念を抱いていたという。しかし、やがて冒険をともにした人々が次々と鬼籍に入ってしまう。

子供難民救出の真実が忘れられていくことを危惧したオルガは、それを解明して残そうと思い立つ。ロシア国内やアメリカを回り、さまざまな史料にあたった。ただカヤハラ船長についての消息だけは、依然謎のままだった。カヤハラ船長の遺族を何とか見つけ出し、子孫を代表してお礼を述べたいというのが彼女の切なる願いであった。

しかし、手がかりはこれだけだった。南苑は先行きの困難さを予想し、思わず顔が青ざめてしまった。だが、次第に妙なファイティング・スピリットが体の奥から湧き上がってきた。

〈こうなったら、何年かかってもこれを解明するしかない。覚悟を決めたわ。全身全霊であたってみよう〉

子供難民救出に船を出した勝田銀次郎の勇断

南苑の挑戦が始まった。

間もなく、ヨウメイマルは「勝田汽船」という会社の外国航路用大型船「陽明丸」であることが判明。会社経営者は「勝田銀次郎」ということだった。この銀次郎（一八七三〜一九五二）に、アメリカ赤十字社からウラジオストクにいた八百人の子供たちの救出依頼が来たのである。

内戦で慢性的な食糧難が起こり、せめて子供たち（三歳から十五歳まで）だけでも救おうと、首都から三〇〇〇キロ以上先の南ウラルの穀倉地帯に、集団疎開をさせられていたのである。当初は快適な夏季までの三カ月間位の予定で、多少の金銭と着替えをもっての疎開だった。

ところが、内戦は猛火のように激化していき、首都にいる両親たちのもとに戻ることが不可能になる。そればかりか、今いるウラルにも戦乱が波及し、子供たちは難民となり行き場を失った。

そして、食料難と過酷な寒さが子供たちを襲った。アメリカ赤十字シベリア救護隊は、彼らを救うため比較的安全な極東のウラジオストクに移送し、それから船で海上に逃れ、地球を一周してペテログラードの親元に返そうとした。

しかし、それはあまりにも無謀な計画とみなされ、アメリカを含め船を提供してくれる国はなかった。彼らが絶望しかけたまさにそのとき、快く引き受けたのが銀次郎であった。

第一次世界大戦（一九一四～一八）で、銀次郎は自ら設立した海運業を大きく発展させていた。その一方で彼は、見返りを求めることもなく、学校や公共事業に大金を寄付する人物であった。困っている人や弱者を親身になって助けてくれる人だったのである。

銀次郎は完成したばかりの自社の貨物船陽明丸を、一千人以上が快適に寝泊まりできるよう、客船仕様に大改装した。子供たちは、陽明丸を見て歓声を上げ、はしゃぎ回った。

子供たちを乗せた船はウラジオストクから出発し、室蘭に立ち寄っている。室蘭の小学校は彼らを歓待し、日本の子供たちと互いに自国の歌を披露したり、柔剣道の試合観戦をしたりして交歓し合った。

その後、陽明丸は地球を一周する旅に出る。サンフランシスコ、パナマ運河、ニューヨーク、多くの機雷が撒《ま》かれていたバルト海を無事越えてロシアの隣国フィンランド・ヘルシンキに子供たちを送り届けた。出港して約三カ月、疎開してからは二年以上の歳月が流れていた。こうしてほとんどの子供が、無事親元に帰ることができたのである。

ついに発見！　「カヤハラ船長」

南苑の調査は、ここまで順調に進められていった。だが、大きな壁が南苑の前に立ちはだかる。それは、カヤハラ船長である。カヤハラ船長とは、一体誰なのか。

南苑は神戸にある勝田家を訪ねた。銀次郎夫妻には子供がなく、姪の次男・鐐二《りょうじ》が勝田家を継いでいた。

しかし、鐐二も故人となっており、カヤハラ船長について手がかりとなる史料は残念ながら見つけられなかった。

〈こんなこと数年かかって当たり前なのよ……〉

と南苑は自分に言い聞かせてみたが、

〈どう逆立ちしても無理……〉

と思いは揺れに揺れていた。

そんなとき、ふと生前、母から聞かされた言葉を思い出した。

「人さまにできることで、あんたにできないことはないんだよ。なんとしても諦めたら負け！　絶対やり遂げるんだよ！」

まとまった時間がとれると、南苑は東京の国立国会図書館や神戸市の図書館に出かけた。一日中、海事関係の資料や一九二〇年前後の関連がありそうな新聞記事を捜索した。

〈幻の船長カヤハラさん、あなたはいったいどこにいるの？　あなたの姿が闇から光に照らされるまで、私は絶対にあきらめない〉

調査を開始して、すでに二年近くがたっていた。南苑は初心に戻り、調査のやり方を改めて見直してみようと思った。その結果、海事海運関係の知識があまりにも不十分なことに気がついた。

そこで以前、陽明丸調査で協力してくれた太洋日本汽船株式会社（前「太洋汽船」）のN常務の知恵を借りようと、神戸の同社を訪ねてみた。

N常務によれば、

「外国航路の船長は、専門職であり商船学校のような専門的教育機関に入学していたから、その卒業生名簿や船長クラスの幹部航海技術者名鑑などが手がかりになるのではないか」

ということだった。

これは、南苑にとってまさに目からウロコが落ちる指摘だった。そこで、そうした名簿・名鑑類に、ターゲットを絞っていくことにした。こうして検索した資料が、数日おきに一冊ずつ送られてきた。目を皿のようにして探していく中で、ついにその日がやってきた。

幻のカヤハラ船長、発見！　南苑の目は、「茅原基治《かやはらもとじ》」（一八八五〜一九四二）という名前に釘づけとなった。氏名と共に記載されている本籍地に、できるだけ近い「茅原」姓の家に電話をかけてみる。

すると、電話口から岡山弁の柔らかな抑揚の老婦人の声が聞こえてきた。

「ああ……茅原基治さんは、外国船の船長しょうちゃった。基治さんは子供がおらなんだけぇ、うちがお墓の管理しょるんです」

こんなにも早く、しかも船長の墓守をされている親族が見つかるとは……。驚きと安堵で、南苑の体はへなへなと崩れ落ちそうになった。

「船長発見」の知らせを聞き、オルガはしばらく沈黙した後、

「そう……本当によかった……ありがとう！」

と声を少し潤ませ、それ以上言葉にならなかった。

平成二十三年（二〇一一）十月、オルガは初来日し、茅原船長にお礼を述べる夢がかなった。茅原家をはじめ大勢の地元の人々が彼女を出迎えた。オルガは船長の墓にロシア国旗を捧げ、ロシア子供難民を代表して祈りと感謝の言葉を述べたのだった。

光が当てられた「幸福への、船路の旅」

「船長発見」は、南苑の調査にさらに大きな発展をもたらした。それは船長の手記の発見である。『赤色革命余話　露西亜《ロシア》小兒團《しょうにだん》輸送記』（昭和九年、五三頁）が岡山県浅口《あさくち》市の金光《こんこう》図書館に唯一所蔵されていたのだった。

船長には実子がいなかったこともあり、「これだけは書き残しておかなければ、

と強い思いに駆られたのかもしれない」と南苑は思った。

船長はロシアの子供たちを見守りながら、

「始めて海に出た嬉しさと珍らしさに、歓声を上げて騒ぎ廻つて喜んで居た。嬉しいか、騒げ、薄倖の小兒達！　せめてこれが、幸福への、船路の旅であることを祈り度《た》いぞ！」

と書いている。

オルガの祖父母は、「船路の旅」を〝あたかもおとぎ話のように〟地球儀でどういう航路をたどったかということを示しながら、孫の彼女に話してくれたという。「幸福への、船路の旅」は奇しくも九十余年の時をへて、南苑とオルガ、日露二人の女性たちの出会いと力によって光が当てられた。これによって、オルガがいうように「英雄である茅原基治という人物、彼の心の広さ、寛容さ、優しさ、ヒューマニズムなどすべての美徳が末永く記憶される」ことだろう。

ドイツ兵俘虜墓地に咲いた「友愛の花」

墓地を守り続けた高橋敏治・春枝夫妻

会津武士道でドイツ人俘虜を待遇した松江豊寿大佐

鳴門《なると》市大麻町《おおあさちょう》に、ドイツ村公園がある。

ここで、平成二十九年（二〇一七）四月九日、晴れ渡る空に向かい、満開の桜が咲く中、地元有志らによる「板東俘虜《ばんどうふりょ》収容所開設百周年記念式典」が行われた。式典には、大阪・神戸ドイツ連邦共和国総領事をはじめ鳴門市の関係者が集まった。

式典参列者たちは、かつて園内にあった収容所で亡くなったドイツ兵の慰霊碑と墓に献花をして冥福を祈ったのだった。合唱団「うたの広場ＮＫＢ」の子供たちが合唱する「歓喜の歌」（ベートーベン交響曲第九番第四楽章）の歌声が響く中で……。

板東俘虜収容所とは、第一次世界大戦中、中国青島《チンタオ》の戦闘で降伏したドイツ兵俘虜を収容した施設である。当時日本は日英同盟を結んでおり、同盟国イギリスを援助するためにドイツと戦うことになった。大正三年（一九一四）八月にドイツに宣戦布告して、ドイツ軍のいた青島を包囲、三カ月の戦闘の末降伏させたのだった。

こうしてドイツ兵俘虜約四千七百人が日本に送られてくることになり、東京、名古屋、福岡など全国十二カ所（後に六カ所に統合）に収容所が設けられた。鳴門市板東もその内の一つで、約一千人の俘虜が収容された。

国際条約のハーグ条約（明治三十二年〈一八九九〉に調印）によれば、俘虜を人道的に扱わなければならなかった。とはいえ、「俘虜に人道などあるものか」というのが世界一般の風潮だった。

しかし、これを涙ぐましいまでに生真面目に守ったのが日本だった。特に板東俘虜収容所の所長に就任した松江豊寿《とよひさ》大佐（一八七二〜一九五六）はとび抜けて俘虜を人道的に扱った。

松江大佐は俘虜たちに、こう訓示している。

「諸君は最後まで勇敢に戦った兵士である。しかし、利あらず日本軍に降伏したのである。それゆえに私は諸君の立場に同情を禁じ得ない。私の考えは博愛と人道の精神と武士の情けをもって、諸君に接することである。諸君もこのことを理解し、秩序ある行動をとってほしい」

松江大佐は、会津藩士の父を持つ人であった。会津藩は戊辰《ぼしん》戦争（一八六八〜六九）で敗れ、「賊軍」の汚名を着せられ、藩士たちは青森・下北半島の斗南《となみ》藩に移住させられたことがあった。極寒と不毛の地での生活を語り伝えられて少年時代を過ごした松江大佐は、それゆえ敗者の悲哀と困窮を痛いほど共感できる人だったのである。

それに会津では、昔から「弱い者をいじめてはなりませぬ」ということが、幼少期から徹底して教えられていた。それは「什《じゅう》の掟《おきて》」と呼ばれる七つの誓いの中に記されており、武士道教育の一環として朗誦させられていた。

「ならぬことはならぬものです」という文言で結ばれ、会津武士道では、弱者や敗者には惻隠《そくいん》・憐憫《れんびん》の情を垂れ、敵をも敬えということが教えられた。松江大佐は、そういう武士道を忠実に生きた人だったのである。

板東市民たちとの交流を懐かしむ元俘虜の人たち

地元の人々は、子供に至るまで「グーテン・モルゲン」とドイツ語で挨拶して、俘虜たちに手を振り迎え入れた。

俘虜たちは二年十カ月ここで暮らしたが、朝晩の点呼以外はほぼ自由に行動することができた。鉄条網の外に出るときは、木製の鑑札《かんさつ》を見せればよく、一切面倒な手続きは不要だった。松江大佐が、俘虜の自主性を重んじることを日々心がけたからである。

所内には、パン屋やレストラン、理容店など八十もの店が軒を連ねた。さらにはサッカー場やテニスコート、図書館、音楽堂、ボーリング場、農園、鶏舎までがつくられた。そして、テニスや海水浴、演劇や音楽会などのスポーツ・文化活動、クリスマス行事などが行われ、それを伝えるカラー印刷の新聞さえ発行された。

そのお陰で、俘虜たちと地元住民たちの間で農業や畜産、スポーツ、芸術など様々な分野で温かな交流が日常的に行われた。西洋野菜の栽培や牧畜、バターやチーズの製法、洋菓子作り、印刷、建築設計などの進んだ技術が伝えられた。住民たちからは「ドイツさん」と呼ばれて親しまれ、緊密度が日々深まりお互い友達もできた。

俘虜によるオーケストラの演奏会は三十四回にも及び大評判となり、住民に音楽も教えた。特にベートーベンの『第九交響曲』演奏はよき思い出として残り、これが「日本で最初の『第九』のコンサート」と呼ばれるゆえんとなっている。

その百年後に収容所跡地近くに建つドイツ館前で、これを懐かしみ「よみがえる

『第九』演奏会」が開かれたのである。かつての演奏を再現するように男性のみで行われ、収容されていたドイツ人俘虜の子孫も参加した。

ちなみにドイツ館という建物は、昭和四十七年（一九七二）に創設され、平成五年（一九九三）に現在の場所に新ドイツ館としてオープンしたものだ。ドイツ兵と地元の人々の友好を後世に伝えるために建てられ、元俘虜たちから寄贈された資料などが展示されている。

　このドイツ館にせよ百年後の記念式典や第九コンサートにせよ、かつての収容所の思い出を日独両国民が〝懐かしむ〟というのは、他に類を見ないだろう。世界の中で、忌まわしい思い出のない収容所が一体どこにあるだろうか。

「なつかしき板東の皆さん……私たちは年に幾度かフランクフルトに集まって『バンドーを偲ぶ会』をもう二十年も続けております。眼をつむるといまもまざまざと、マツエ大佐、バラック、町のたたずまい、町の人々、山や森や野原などが、瞼《まぶた》の裏に浮かんできます。できることならこの目でもう一度、見たいのです」

　後に、元俘虜から四十数年を隔てて、こんなふうに収容所と松江大佐を懐かしみ、深い記憶としてつづった手紙が寄せられたのだった。

ドイツ兵の墓の墓守となった高橋敏治・春枝夫妻

だが、収容所の記憶が一時期、日本の人々から忘れ去られていたときがあった。収容所はやがて閉鎖となり、その跡地には町営住宅が建てられていたことがあった。第二次世界大戦（一九三九〜四五）後に、収容所の建物を引揚者用住宅につくり直したものである。ここに、シベリア抑留から帰国した高橋敏治と朝鮮から引き揚げてきた妻の春枝が入り住んでいた。

ある日、春枝は薪《まき》を取るために、裏山にのぼっていった。裏山にはススキの穂が続き、その中にリンドウやコスモスが咲いている。しばらく散策していると、突然目の前に高く大きな石の塔が現れた。黒く湿った表面には、苔がびっしりと生えている。表面には横文字が刻んであるが春枝には読めなかった。

それを敏治に話すと、「春枝、それはな……」と石の塔がドイツ兵の墓であることを教えてくれた。敏治が中学校で軍事教練を受けていたとき、収容所跡地の陸軍演習所で、教官からそれがドイツ兵の墓だということを教えてもらっていたのだ。

墓に埋葬された十一名のドイツ兵は、収容期間中に当時日本でも猛威を振るっていたスペイン風邪や腸チフス、伐採作業中のけがで亡くなった人たち（他の収容所で死亡した者も含む）だった。ハンス・コッホという俘虜の提案によって、墓は収容所を見下ろす裏山の中に、俘虜たちの手で建てられたのだった。

墓の除幕式には、松江大佐も出席した。大佐はわびるように、その前で手を合わせた。葬られた十一名の命日を残らず手帳に控え、その日が来ると決まって墓参りをした。その姿に、すべての俘虜たちが心から大佐に感謝したという。

その墓を前にして、春枝は込み上げてくるものを感じながら思った。

〈捕虜となり故郷に帰れず、ここで亡くなったのはどれだけ無念なことだっただろう〉

朝鮮の日本人墓地にある先祖代々の墓を放置して帰国した春枝には、それが決して他人事には思えなかった。それは、敏治とて同じである。シベリア抑留中、零下二十度という骨に突き刺さるような極寒の中、強制労働によって次々に亡くなっていった同胞たちの墓とドイツ兵の墓が重なって思い出された。

それから、春枝と敏治は、ドイツ兵の墓の墓守となった。高橋家の墓をドイツ兵の墓のそばに建て、家の墓を守ると同時にドイツ兵達の墓にも定期的に清掃して香《こう》華《げ》を供え続けた。

日独親善の交流会から咲く「友愛の花」

時がたち、――昭和三十五年（一九六〇）。板東の役場に一本の電話がかかってきた。東京にある西ドイツ（当時）大使館からだった。

「そちらに、第一次世界大戦のときに俘虜になったドイツ兵たちの墓があると思いますが……。できれば、お参りに行きたいので、どうかよろしく……」

第一次世界大戦から、そのときすでに四十年以上の歳月が流れていた。役場の中で、ドイツ兵の墓といわれても知る人はいなかった。

「とにかく、その墓を探して、掃除をしておかねば……」

役場では、昔を知る人々に聞きまわり、墓を探し出し、行ってみて驚いた。墓は掃除され、お供え物があがっている。しかもきれいな道までつけられていた。調べていくと、敏治と春枝が墓守をしていたことが分かったのである。

それを聞かされた西ドイツ大使ウィルヘルム・ハースは墓参の後、一緒にいた春枝に歩み寄りしっかりと手を握った。

「ありがとうございます。日本人の美しい心を知って、本当に嬉しく思います。これはお礼の印です」

ハース大使は大きな体をかがめながら、春枝に感謝状と鳩時計を手渡した。さらに同三十九年（一九六四）神戸総領事ベーグナー夫妻が、春枝にリュプケ大統領からの功労勲章と感謝状を授与したのだった。

春枝の長男敏夫が作詞した「友愛の花」という歌がある。作曲は、地元の元音楽教師新川清がてがけた。その三番は、こんな詞だ。

リューネブルクの　仲間から
真心こめて　送ってくれた色彩々《いろとりどり》の　花の種
鐘が鳴る鳴る　丘の上
四季おりおりに　咲きほこる
日独親善　友愛の花

俘虜たちと板東市民たちが共に収容所時代を懐かしみ、敏治・春枝夫妻がドイツ兵の墓を守り続けた日独親善の軌跡は、敏夫の歌詞にあるようにドイツのリューネブルク市と鳴門市との間に交流を生み、後に姉妹都市提携が結ばれた。

以来、両都市の間に、ほぼ一年おきに親善使節団が行き来し、その交流会ではこの「友愛の花」が歌われ演奏されているのである。

世界初の「人種差別撤廃案」に挑む

日本全権・牧野伸顕の孤独な闘い

「戦勝五大国」として講和会議に出席

欧州全域を巻き込んで、人類未曾有の大惨事となった第一次世界大戦。足かけ五年にわたる戦いがようやく終わったのは、一九一八年（大正七）のことだった。

明くる一九一九年（同八）一月十八日、大戦後の世界の枠組みを決める講和会議が、フランス・パリのベルサイユ宮殿で開かれることになった。敗戦側のドイツ・オーストリアなどの国々と連合国三十三カ国がパリに集結。そこには、日英同盟によりドイツに対して参戦した日本も、戦勝五大国（英米仏伊日）の一国として出席が求められていた。

実質的な討議はすべて五大国によって行われることになり、その一員となった日本は、国際的大会議上で有色人種初の主役級を演ずることになった。日本はこの会議に、西園寺公望《さいおんじきんもち》（一八四九〜一九四〇）首席全権以下大使五名を含む六十四名をパリに送った。

会議では、アメリカ大統領ウッドロウ・ウィルソン（一八五六～一九二四）が、それまで歴史になかった全く新しい提案を持ち込んだ。それは国際平和を維持する機関として、国際連盟を設立しようというものだった。

規約への人種差別撤廃案は却下

我が国では、講和会議に臨むにあたり、長年にわたる欧米諸国の人種差別的政策の弊害を考慮し、連盟規約の中に人種差別撤廃条項の挿入要求を提出することにしていた。出発を前にした全権団には、様々な民間諸団体から人種差別撤廃案への強い要望が寄せられていた。

多くの有力新聞も、差別撤廃案の実現を望む活発な論陣を張った。全権団出発当日の大正七年（一九一八）十二月十日付『東京朝日新聞』は、日本が国際連盟に参加するのであれば、人種平等の原則を国際的に承認させる必要がある、という趣旨の意見を載せている。

そして、会議が始まると、支援活動は一層広範囲に盛り上がりをみせた。「人種的差別撤廃期成大会」という会合が東京で開かれ、立憲政友会、憲政会、立憲国民党の政治家を含む三百人余りの人々が結集していた。ここで、「パリ会議で日本は人種差別撤廃案を強く提案すべきだ」と決議している。この決議は、講和会議の議長役を務めるフランス首相ジョルジュ・クレマンソー（一八四一～一九二九）宛に打電された。

こうした差別撤廃に向けて国内世論が沸騰したのは、有色人種が国際的に差別され、日本人もアメリカやイギリスの植民地で人種差別的移民政策に苦しめられてきた経緯があるからである。カリフォルニア州では多くのレストランが「犬とジャップ立ち入るべからず」などという掲示を出すなど、差別的な嫌がらせも受け、屈辱を味わっていたのである。

その背景には、十九世紀半ば以降、白人社会で噴出していた「黄禍論《おうかろん》」があった。世界各地に進出する日本人や中国人に対し、「黄色人種の台頭が白人文明や白人社会に脅威を与える」と喧伝《けんでん》されていたのである。

このような国民的な差別撤廃への期待も背景に、それを実現すべく、パリで列強全権団の間を奔走したのが、牧野伸顕《のぶあき》（一八六一～一九四九）であった。牧野は全権団の中心として列強全権との主要な折衝《せっしょう》を行い、珍田捨巳《ちんだすてみ》（一八五七～一九二九）駐英大使らが彼を支えた。特に珍田は牧野の右腕ともいうべき人物で、周囲の随行員の目から見ても「名コンビ」であったという。

会議では、連盟規約の成文を起草する委員会が設けられた。ここで、牧野と珍田は規約に「人種差別撤廃」を盛り込もうとした。ただし、日本が人種差別撤廃を主張すれば、必ずやアメリカは反対するだろう、と二人は予測した。

そこで、牧野と珍田はアメリカの内意を打診するために、ウィルソンの参謀長ともいうべきエドワード・ハウス（一八五八～一九三八）を訪ねた。ハウスの反応は、意外なものだった。人種差別撤廃の日本提案を歓迎し、規約中に盛り込むことに賛成してくれた。後にウィルソンもこれに同意してくれたということで、日本は大きな自信を得るのであった。

アメリカとの交渉に成功した日本は、次にイギリスとの交渉を開始する。だが、イギリスはオーストラリア・カナダといったイギリス自治領からの反対があり、容易に賛成しようとしなかった。

イギリス・オーストラリアなどの国々が反対している以上、差別撤廃案が不成立に終わる可能性は高い。しかし、成否はともかく、人種差別撤廃を主張することは将来のためにきわめて重要である、との判断から提案することを決意した。

牧野は、二月十三日に開かれる規約委員会に臨む。彼がそこで連盟規約中に入れるよう提案した条文は、次の通りである。

「各国民均等の主義は国際連盟の基本的綱領なるにより、締約国はなるべく速やかに連盟員たる国家における一切の外国人に対し、いかなる点についても均等公正の待遇を与え、人種或は国籍如何《いかん》により法律上或は事実上何ら差別を設けざることを約す」

人種の問題が紛争や戦争の原因となっているから、恒久平和をめざす連盟はこれを解決する大きな努力を払わなければならない、と牧野は提案動機を述べた。

牧野伸顕

そして、この提案は強硬に即時実現を迫るものではなく、単に平等主義を明らかにしようとするもので、その運用は各国の責任者に一任するという穏当な趣旨であることも、牧野は加えて述べていた。

この委員会には、肝心のウィルソンは欠席していた。代わりに議長を務めることになったイギリス全権ロバート・セシル（一八六四〜一九五八）は、人種差別撤廃案に猛反対した。

「人種差別をしないという項目を連盟規約に入れることなど、とんでもない」

先に触れたとおり、イギリスの反対には理由があった。イギリスはその頃、世界中に植民地と自治領を持つ大帝国だった。アフリカ・アジアの有色人種を支配下に置いており、特に白人植民主義を固く守るオーストラリア・カナダなどの属領が、強く反対したからである。

イギリスと同じく植民地を持つ、フランス、ベルギーも反対した。以下、意見を保留する国が相次いだ。一方賛成は、ブラジル、ルーマニア、チェコスロバキア三カ国のみ。議長のセシルは、賛成少数で採決の必要なしと断定して、日本案を却下した。

人種撤廃案に好意を見せていたウィルソンだったが、アメリカ国内では事情が異なっていた。国内世論は日本の提案に拒絶反応を示していたのである。

日本人移民問題が深刻化し、黒人などの差別問題をも抱えていたことから、

「本来人種問題は国内問題だ。外からの内政干渉は認められない」

という気運が強かった。

上院議会では、差別撤廃案が採択されるようなら、アメリカは連盟に加入しない

という決議がなされた。仮にウィルソンが個人的にはどれほど人道主義的な思想を持っていたとしても、これを認めざるを得なくなってしまったのである。

多数決勝利でも決まらなかった差別撤廃

日本が提出した人種差別撤廃案は、はからずもたいへんな反響を呼び起こしていた。虐《しいた》げられている有色人種の人々の期待が、日本に寄せられている。当時、在米黒人たちは日本を「世界で最も有望な、有色人種の期待の星」と見ていた。アメリカでは、一九六四年（昭和三十九）の公民権法成立まで、黒人は公式に差別を受けていた人たちだった。

全米黒人新聞協会（ＮＡＡＰＡ）は、

「われわれ黒人は講和会議の席上で〝人種問題〟について激しい議論を戦わせている日本に、最大の敬意を払うものである。〔中略〕全米一二〇〇万人の黒人が息をのんで、会議の成り行きを見守っている」（レジナルド・カーニー著／山本伸訳『20世紀の日本人――アメリカ黒人の日本人観１９００－１９４５』五月書房）

とコメントを発表しているのである。

さらに、差別撤廃案成立を求める国内世論も高まり、それを知った牧野は決意する。

「ここで諦めてはならない。もう一度人種差別撤廃のために頑張ってみよう」

牧野らは、なお列国委員の説得に奔走した。日本の主張は、もっぱら人種平等主義を明らかにすることであり、それは連盟の大方針に適合すると懸命に説いた。しかし、これも失敗に終わる。これを受け、日本政府は全権団に差別撤廃案を規約前文に挿入するよう指示を出した。

四月十一日、最終の委員会に入った。牧野と珍田がこれに臨む。参加者は十七人。議長の座についたのは、ウィルソン。連盟規約の逐条審議が終わり、前文の討議に入ったところで、牧野はすかさず立ち上がりいった。

「議長、人種差別撤廃の修正案を提出させていただきたい。それは、連盟設立の趣旨をうたう規約前文の中に『各国民の平等及びその所属各人に対する公正待遇の主義を是認し』の一句を入れる、という提案です。もし今、この合理的かつ正当な要求が拒絶されるなら、差別される人民から連盟規約の精神である公平と正義に対して疑念の念を持たれることになるでしょう」

案の定、イギリス代表セシルがこれに反対する。

「この修正案を受け入れれば、大英帝国の様々な法律に反することになる」

しかし、これに珍田がくいさがる。

「修正案はあくまでも理念をうたうものです。その国の内政における法律的規制を求めるものではありません。にもかかわらず、拒否しようというのはイギリスが他の国を平等と見ていない証拠になります」

この一言で、会議の流れは決まった。

まず、イタリア首相オルランドが日本側に賛成を表明。

「この修正案が提起された以上、採決する以外に解決策はないでしょう」

続いて、フランス代表委員ブルジョアも賛意を表明する。

「日本案が示しているのは正義という大原則です。拒否するのは不可能です」

いよいよ採決のときがきた。万座の注目は、ウィルソンに集まる。

「民族平等の原則は、すでに連盟の基本的性格になっています。今更規約の前文に記入するまでもないのではないでしょうか」

言葉を濁して、採決をしぶるウィルソン。

アメリカでは、日本の人種差別撤廃案に対する反対が強まっており、国内世論を気にしたウィルソンは、ここで日本案に賛成するわけにはいかなかった。

〈ここで、ごまかされてはならない〉

牧野はたたきこむようにいい放つ。

「この案は、日本国民の確固とした意志です。採決を！」

ウィルソンは、やや間を置きやむを得ず採決をとり始めた。

賛成は日本、フランス、イタリア、中国など十一票。それに対し、反対または保留はイギリス、ポーランドなど、議長ウィルソンを除いて五票。

〈勝った！　日本の主張はこれで通った〉と牧野は心中快哉を叫んだ。

十一対五で日本案の圧勝である。

ところが、そのときウィルソンから予想もしない言葉が飛び出した。

「日本から出された提案は、成立しません。全会一致の賛成ではなかったので、採択されません」

会議は騒然とした。

「おかしいではないですか？　これまでの会議はすべて多数決で決められていたではありませんか。にもかかわらず、なぜ今回に限り全会一致が必要なのですか」

牧野の抗議に対し、ウィルソンはさも平然とした表情で答えた。

「このような重大事案は、従来とも全会一致でなければなりません」

間髪《かんはつ》を入れず、ウィルソンは否決を宣言。強引なアメリカのやり方の前に、各国は沈黙するのみだった。先を急ぐように次の議題に入ろうとするウィルソンを制し、牧野は最後の力を振り絞って口を開いた。

「日本はその主張の正当性を固く信じています。ですから、機会があるたびに本問題を提起します。日本案に対し、過半数の賛成票があったことを議事録に記述するよう希望します」

ウィルソンは、これをしぶしぶ了承した。これが、ウィルソンに対する牧野の精一杯の抗議だった。

後日、フランス新聞『ル・タン』紙は、

「時に日本の要求に対し深甚な同情を表するとともに、いつの日にか日本の正当な主張を尊重しなければならないような解決に至るであろうことを疑わない」

と日本の差別撤廃案不成立への同情と、将来実現への確信を述べている。

日本の提案は、フランスをはじめ多くの国々の共感を呼んだ。さらに黒人や少数民族に至るまで深い感銘を与え、感謝や激励の手紙や電報が殺到した。アジア・アフリカの有色人種を代表して撤廃案を提出したことは、当時アジア・アフリカで独立を願っていた国々や植民地支配下にあった人々に、深い感銘と多大な勇気を与えたのである。

『ル・タン』紙で述べられた予言的確信の実現は、二十九年という歳月と第一次世界大戦以上に甚大な惨禍をもたらした第二次世界大戦を経て、第三回国際連合で「世界人権宣言」（昭和二十三年〈一九四八〉）が採択されるまで、待たなければならなかったのである。

この国の人たちの自由と独立のために

独立戦争をインドネシア人とともに戦った日本兵たち

日本軍は悪い白い人たちから救ってくれる「黄色い人たち」

インドネシアのムルデカ（独立）広場の中央に、高さ一三七メートルの独立記念塔がそびえ立っている。その地下一階に「独立宣言書」が奉納されている。スカルノ（初代大統領）とモハマド・ハッタ（初代副大統領）がサインし、日付が「17－8－'05」となっている。「05」は、日本の「皇紀《こうき》二六〇五年」の略号（下二桁）である。

皇紀とは、『日本書紀』にもとづき、神武《じんむ》天皇（初代）即位元年を紀元とする日本の紀年法である。二六〇五年は昭和二十年、西暦では一九四五年にあたる。したがって、インドネシアが独立したのは、昭和二十年（一九四五）八月十七日ということになる。

では、なぜスカルノ（一九〇一～七〇）とハッタ（一九〇二～八〇）は、日本の紀年法である皇紀を独立宣言の日付に採用したのだろうか。

インドネシアは、ヨーロッパ人から「エメラルドの首飾り」と呼ばれるほど美しく、香辛料の産地として恵まれていた。十六世紀後半から、香辛料貿易の利権をめぐり争奪戦が繰り広げられ、オランダが勝利する。

一六〇二年（慶長七）に支配権を握って以来、オランダは東インド会社を設置、インドネシアを植民地にして、三百五十年以上にわたり搾取を続けた。商業、海運、手工業をすべて奪い取り、全住民を奴隷的農業に追い落としたのである。

インドネシアにおいて人口わずか〇・五パーセントのオランダ人が、その全生産額の六五パーセント以上を独占した。これは、オランダ国家予算の三分の一を占める割合である。また彼らは現地民を奴隷民族とみなした。愚民政策を布《し》いてほぼ教育を施さない（就学率三パーセント）まま、放置していた。

この植民地時代に、インドネシア人は独立をめざして、幾度か立ち上がった。しかし、そのたびにオランダの軍事力の前に屈服を余儀なくされた。インドネシアの牢獄は、独立運動の志士たちで溢れていた。

ところが、その強いオランダ軍を、日本軍はインドネシアに上陸して九日間で駆逐してしまう。昭和十七年（一九四二）三月九日のことである。

このときアラムシャ（スハルト政府の第三副首相）がいうように、「日本軍が到来するや、たちまちにしてオランダの鉄鎖《てつさ》を断ち切ってくれた」ことを「インドネシア人は歓喜雀躍《かんきじやくやく》し、感謝感激し」（ASEANセンター編『アジアに生きる大東亜戦争』展転社）、それと同時に自信を持った。この自信は、「もう二度とオランダ人には服従しない」（同右）という思いとなり、後の独立戦争を勝ち抜く精神的エネルギーになったのである。

インドネシアでは昔から、人々の間で「ジョヨボヨの予言」がいい伝えられていた。「トビラメの神話」とも呼ばれ、北の方角から黄色い人たちが来て、悪い白い人たちを追い出し救ってくれるという神話である。インドネシア人の多くは、日本軍がまさに「黄色い人たち」に思えた。

その後、日本軍は軍政を布くが、インドネシア住民はそれを歓迎し協力した。初代司令官今村均《ひとし》（一八八六～一九六八）は、「インドネシアの自立を図ることが、自分の任務だ」と自認していた。現地の人々からは「聖将今村」と崇拝されるほど、慈悲深く高潔な人格の持ち主だった。

日本は進出したアジアの国々で、欧米の軍を駆逐した後、占領して軍政を布いた。しかし、それは暫定的なものであり、後に独立させることを見込んでのものだった。その方針は、昭和十六年（一九四一）に決定された『南方占領地行政実施要領』に記されており、現地の人材育成に努め、各国の事情に応じた『要領』が作成されていた。

その根本は、独立支援だったのである。この支援によって被植民地国の人々の意識が変わり、日本を支持するようになっていく。そして、この「日本による占領下で、民族主義、独立要求はもはや引き返せないところまで進んでしまったということを、イギリス、オランダは戦後になって思い知ることになるのである」（ジョイス・C・レブラ著／村田克己他訳『東南アジアの解放と日本の遺産』秀英書房）。

独立義勇軍ペタの創設、教育とインドネシア語を普及させた日本軍政

今村は貧農の村々を慰問して歩き、死ぬまでインドネシアを熱愛した。思いやりのある温和な軍政が展開された。獄舎からスカルノやハッタら独立運動活動家たちが釈放された。彼らは日本軍政に協力することを誓い、ただちにプートラ（民衆総力結集運動）を結成して、力を蓄えていった。そして、オランダ人が許さなかった様々な団体を組織させた。

日本軍は「アジア諸民族の独立促進」の旗を掲げ、インドネシアの軍政は約三年半に及ぶ。その間、現地青年の教育及び訓練が熱心に行われた。

青年道場が開かれ、柳川宗成《やながわむねしげ》中尉（一九一四～八五）は、選抜された五十人の若者たちに絶えずこういって鼓舞した。

「独立は自らの力で勝ち取るものである。与えられるものではない。諸君にその力が備わったとき、独立はおのずから成る。要は諸君の努力次第だ。私たちも教育に全力を尽くす。私らに負けるようでは、独立はできないぞ」（前掲『アジアに生きる大東亜戦争』）

柳川は若者から父のように、また兄のように慕われていたという。「サンパイ・マティ！（死ぬまでやろう）」が、若者たちの合言葉になった。道場で教えたことは、インドネシアの歴史や世界情勢、諜報、宣伝、教練、体操、射撃、偵察など多岐にわたった。これが、後の独立戦争に役立ったばかりでなく、独立後の国づくりにも大きく貢献することになる。

ここで教育された生徒は、やがて祖国防衛義勇軍（Tentara Pembela Tanah Air：PETA《ペタ》）で中心的な役割を果たすことになっていく。

ハッタは、群衆を前にしてこの義勇軍に参加するよう訴えた。

「日本は、我々をオランダの植民地支配から、解放した。その功績に対して、日本軍に深く感謝しよう！　しかし、日本はいつまで、我々を守ってくれるだろうか？　我々は、民族の尊厳を守る用意をしなければならない。

オランダ人は、わが民族から精神を、根こそぎ消し去るのに成功したかのようにみえた。だが、我々の魂は、決して、決して堕落していない！　我々は復活する。インドネシアの青年よ！　志願兵となれ！　祖国は君らを待ち望んでいる。今こそ、祖国防衛隊をつくり、発展させよう。万歳！」（加瀬英明著『ムルデカ１７８０５』自由社）

義勇軍への志願者が殺到し、中には血書を携えてくる者までいたという。ここで日本式軍事訓練を受けた者が三万八千人（六十六大隊）。彼らが独立戦争の主役となり、独立後にインドネシア国軍の母体となっていく。

さらに日本軍は、小学校の数を一挙に増やし、質量ともに初等教育の充実をはかった。また、官吏学校、師範学校、医科大学、農科大学、商業学校、工業学校、商船学校などの各種専門学校も設立。約十万名のエリート教育を施した。インドネシア人に軍政へ関与させ、独立後に国を運営していくやり方も学ばせた。これは住民の大半を非識字者にして軍事力を与えないというオランダ・イギリスの愚民政策とは、正反対のやり方だった。

現地の指導者育成には、「南方特別留学生」という日本への選抜留学制度もあった。この制度で陸軍士官学校に入り、終戦後は早稲田大学に転じて卒業し、後にモハマディア大学長になったオマール・トシン（経済学博士）のような人も出ている。

そして、インドネシア語の普及にも努めた。インドネシアは三百二十の種族が住んでおり、各種族固有の言語を有していたので、全国民の意思疎通が困難だった。公用語になっていたオランダ語は上流階級層しか使えないので、それを禁止してインドネシア語を公用語にした。インドネシア語による新しい学校教科書をつくったこともめざましいことだった。

これで、全国民の意思の疎通が可能になった。オランダから奪われた言語という〝民族の魂〟を、日本が取り返してくれたといえようか。このインドネシア語の普及は、スカルノ大統領をはじめ政界、軍人、学者からも「日本軍の最大の貢献」と高く評価されているのである。

これらのことからも、日本がいかに本気になって、独立を支援しようとしたかが分かるだろう。それは、東南アジア地域連合軍司令官ルイス・マウントバッテン（一九〇〇～七九）が、戦時中イギリス政府に提出した報告書『東南アジア連合国の終戦処理：第二次世界大戦における』（宮元静雄訳著、東南アジア連合軍の終戦処理刊行会）の中でもうかがえる。

訳者の宮本（一九〇八～二〇〇〇）は元ジャワ方面軍作戦参謀中佐だった人だが、英軍が日本軍政を高く評価していたことを戦後の日本人に知らせたいという思いで本書を翻訳・公刊したということである。敵側から見ても、日本軍政は見事なものだったのである。

スカルノとハッタの真情が表された独立宣言文の日付

前記アラムシャは日本軍の長所（功績）は、

「連合国のポツダム宣言を受諾して、無条件降伏した後も、多数の有志将兵がインドネシアの独立戦争に参加してくれたことである」

といっている。

これはアラムシャが昭和六十二年（一九八七）に来日して、福田赳夫《たけお》元首相や塩川正十郎《まさじゅうろう》元文相らと意見交換した折に述べた言葉である。

続けて独立戦争に日本将兵が参加した意義について、アラムシャはこう述べている。

「我々インドネシア軍は戦争に未経験だったから、経験豊かでしかも勇猛果敢な日本軍将兵の参加が、いかばかり独立戦争を我々に有利な方向に導いたか、はかりしれない。数百年来インドネシアに住み、数百万の中国人の大部分がオランダ側に加担して、インドネシア人に銃を向けたが、日本人義勇兵は全部が全部インドネシア側に味方してくれた」


　昭和二十年（一九四五）八月十五日、インドネシア独立を目前にして日本は終戦を迎えることになる。翌十六日の深夜、スカルノ、ハッタを正、副委員長とする独立準備委員会が、ジャカルタ中心部のナッソウ街にある前田精《ただし》海軍武官邸に集まっていた。委員会は九月初旬に独立する手はずを整えていた。

というのも、前年の昭和十九年（一九四四）九月七日に小磯國昭《こいそくにあき》内閣によってインドネシアの独立を容認するとの方針が発表され、寺内寿一《ひさいち》南方総軍司令官から独立建国の日を翌二十年九月七日と明示されていたからである。

　声明があったときスカルノは、

「勝利なくしてはインドネシアの独立は、あり得ない！　信じよう！　戦い続けよう！　たじろいではならない！　我々は勝利の日まで、日本と共に生き、死ぬ関係にあるのだ！」

と演説していた。

だが、その矢先に日本軍が降伏してしまい、旧宗主国のオランダが再び舞い戻ってくることがほぼ確実視されていた。そこで、一刻も早く独立国の体裁を整えねばと、スカルノらは独立宣言文案の討議に入っていた。

この場に陪席していた日本人は、前田少将と西嶋重忠《しげただ》（一九一一～二〇〇六）、吉住留五郎（一九一一～四八）の両嘱託、軍政監部の三好俊吉郎《しゅんきちろう》（一八九六～一九八三）司政官であった。全体会議（西島、吉住が同席）で激しい討議を経て、宣言文が起草されたときには、すでに夜が明けていた。

独立宣言が書かれたとのニュースはすぐに広まり、十七日に約五百人の民衆がスカルノの自邸前に詰めかけた。民衆は口々に「ムルデカ（独立万歳）！　ムルデカ！」と叫び、スカルノの登場を待った。スカルノもハッタも、ほとんど仮眠もないまま庭に出た。

「ブンカルノ（スカルノの愛称）！」

と叫ぶ群衆を前に、スカルノはゆっくりと宣言文を読み上げた。

「我々インドネシア民族は、ここにインドネシアの独立を宣言する。権力の移譲、その他に関する事項は周到かつできるだけの迅速さをもって実施されるものとする。

ジャカルタ、17－8－'05

インドネシア民族の名において。

スカルノ／ハッタ」

「日本に感謝しよう」「日本と共に生き、死ぬ」といっていたスカルノとハッタの真情は、宣言文の日付にも表されていた。先述したように、あえて西暦を使わず、日本の皇紀が使われたのだった。

このとき、スカルノを警護していた憲兵・藤山秀雄（一九二二～二〇〇七）は、演説を聞きながら、独立にかける市民の熱気を感じていた。そして、軍を飛び出しインドネシア人と行動を共にする気になっていた。

強き者を挫き弱き者を助けるのが、よき日本精神、武士道

間もなくオランダ軍が、イギリス軍とともに戻ってきた。オランダ軍司令官は「断固たる決意を示せば、たちどころに服従するだろう」と楽観していた。だが、インドネシア人は、かつての従順でおとなしい民衆ではなかった。オランダ軍が自国の旗を掲げると、民衆が激昂して各所で武力衝突が始まった。そして、「ムルデカ！」の叫びが街中にあふれた。

当初、オランダ軍は武装解除した日本軍の武器を、安心してインドネシア人に管理させていた。そんなことで、数万挺の小銃が難なく彼らに渡ってしまうことがあった。その失敗を肝に銘じた英蘭連合国軍は、日本側に武器の管理や治安維持、独立運動の鎮圧を命じたが、日本軍はそれに反して大量の武器・弾薬などをインドネシア側に引き渡した。暴徒化した群衆が、武器を要求して日本軍施設を襲い、死者が出たということがあったが、いずれにせよ日本軍の武器・弾薬などが独立戦争で大活躍することになるのである。

インドネシア軍は、日本軍が育てた独立義勇軍が中心になった。しかし、実戦の経験がなかったので、オランダ軍の上陸に備えて「脱走して独立軍を手伝ってくれ」と日本軍人らに要請していた。英蘭軍との独立戦争が始まると、下士官だった小野盛《さかり》（一九一九～二〇一四）はそれを目の当たりにして、独立軍に身を投じることを決意する。

「日本は大東亜共栄圏を掲げ、インドネシアの独立を約束していた。それが、戦争に負けたからと言ってインドネシアを見捨てていいのか。上陸してきた英印軍によってバンドンの街が火の海になっていた。インドネシアをこのまま置き去りにしていいのか。そこに義憤を感じた」（青沼陽一郎著『残留日本兵14名の60年戦争』『文藝春秋』平成十七年十月号）

小野のように大東亜共栄圏の理想に燃え義憤を感じた者は、少なくなかったのではないだろうか。参戦した日本将兵の数は、千五百人とも二千人ともいわれている。

青年道場で嘱託通訳を務めていた市来《いちき》龍夫（一九〇六～四五）は、道場で育てられた青年たちを見捨てることができず、独立戦に加わった。市来はオランダ軍の猛攻の前にひるんでいたインドネシア兵を鼓舞するかのように、弾雨のふりそそぐ第一線の前面に躍り出て撃たれ、崩れ落ちるように倒れたという。この市来のように、日本人将兵は最前線に立ち、参謀として、指揮官として、ゲリラとして独立軍を指揮したため、その約半数が亡くなったという。

「独立か、さもなければ死か」と約八十万人ものインドネシア人が犠牲になった四年半の激烈な戦いが、昭和二十四年（一九四九）十一月に終わった。オランダは、インドネシアの再植民地化をあきらめ撤退。十二月二十七日、インドネシア連邦共和国はついに完全独立を果たすことができた。三百五十年余りの植民地統治は完全に終わりを告げたのである。

残留日本兵の中には、戦後も現地に踏みとどまり生活していた人が百十六名いた。この生き残った人たちも辛酸をなめた。言葉が不自由で手に職があるわけでもなく、単純労働を転々とする者が多かったのである。今日、そうした人々もすでに全員鬼籍に入られた。

亡くなった残留日本兵は、カリバタ国立英雄墓地をはじめスラバヤ英雄墓地、マラン英雄墓地など各地の英雄墓地にインドネシアの「英雄」として葬られている。毎年行われる独立記念日には、義勇軍行進曲が歌われ「英雄」たちのことが偲ばれている。

「古きアジア　不幸に苦しむ
烈しき圧政に　幾世紀も忍ぶ
大日本　雄々しく立てり　アジアを救い　我らを守る
進め　進め　義勇軍
アジアとインドネシアの英雄　清き東洋に幸あれ」

このようにインドネシアでは、今も「大日本」と「アジアの英雄」が忘れられずに思い出されている。

かつて義勇軍出身のサンバス陸軍少将が、こう述べて残念がっていたという。

「インドネシアには、独立戦争に参加して、独立を助けた日本兵が戦後も日本に帰らないで各地にたくさん住んでいる。その人たちは住民から尊敬されている。その尊敬されている日本人を、本国の日本人はなぜ忘れているのか」（前掲『アジアに生きる大東亜戦争』）

強き者を挫《くじ》き弱き者を助けるのが、よき日本精神、武士道ではなかったろうか。植民地時代に虐げられていたインドネシア人たちに自由と独立を勝ち取らせようと、すべてを捧げ異国の地に散り、眠っている日本の英雄たちを、サンバスがいうように「本国の日本人」が忘れてはならないだろう。

韓国の三千人孤児たちのオモニ

涙と血と汗で種をまいた人　田内千鶴子

高知県高知市若松町の誇り

高知市若松町に、田内千鶴子《ちづこ》（一九一二〜六八）の記念碑がある。募金活動によって平成九年（一九九七）、景勝地五台山《ごだいさん》を望む場所に建立された。韓国全羅南道《チョルラナムド》木浦《モッポ》市から運ばれた花崗岩《かこうがん》でつくられ、木浦の方角を向いている。その足元には三千個の小石が敷き詰められている。千鶴子が育てた孤児の数にちなんだものだ。

令和四年（二〇二二）十月三十一日、「田内千鶴子生誕之地記念碑」前で田内千鶴子生誕百十年を記念するセレモニーが行われた。十月三十一日は千鶴子の誕生日と命日にあたり、セレモニーには長男の田内基《もとい》や韓国の尹柱卿《ユンジュギョン》議員、日韓親善協会中央会長の河村建夫元官房長官ら約三十人が献花して手を合わせた。

平成二十四年（二〇一二）には、その横に千鶴子の胸像レリーフが設置された。記念碑ができて以来、十月三十一日には多くの市民がここを訪れて、「田内千鶴子さんを偲ぶ会」（高知県日韓親善協会主催）が開かれ、献花や追悼礼拝、講演会などが行われている。

園児たちに笑顔を

千鶴子は、大正元年（一九一二）に高知市若松町で生まれ、七歳のときに朝鮮総督府官吏の父徳治の赴任地・韓国木浦市に母ハルとともに渡った。木浦は、その北西部に儒達山《ユダルサン》という岩山がそびえ、韓国四大港の一つとされる豊かな港がある街である。

木浦公立高等女学校を卒業した千鶴子は、貞明女学校の音楽教師になった。貞明女学校は韓国女学生の通うアメリカ系のミッション・スクールである。

奉職して三年目に、千鶴子はからだに不調をきたす。子宮内に腫瘍ができていた。やむなく卵巣を一部切除することになり、手術は成功したが回復は意外に長引いた。元気が出ない千鶴子は、「逆境の日に考えよ」という聖書の言葉を思い出しながら祈った。

〈神様、私はもう子供は望めないでしょう。神様、健康を回復したら、きっとあなた様に喜ばれる奉仕に励みますから、今までの不信仰とわがままをお許しください〉

ようやく健康が回復した千鶴子は、ある日、木浦高女の恩師・高尾益太郎に会いに行った。高尾は熱心なクリスチャンであり、千鶴子が信仰・人格ともに感化を多分に受けた人物である。

高尾は、千鶴子のこれからを考えてこう切り出していった。

「千鶴子さん、生きがいのある仕事をしてみないかい。木浦に『共生園』という孤児院があるんだが、そこの園長が子供たちに笑顔を取り戻させてやりたいといって私を訪ねてきたんだよ」

千鶴子には、まだ要領がつかめていない。

「そこでだ、君がそこへ行って、子供たちの顔に笑みが浮かぶようにしてもらえないだろうか」

この話は、驚きでもあり心打たれるものでもあった。「命をかけるほどやりがいのある仕事をしたい」と思っていた千鶴子は、この高尾の言葉に促されて共生園を訪ねることにした。

園児たちの本物のオモニになろう

共生園の創設者は、尹致浩《ユンチホ》（一九〇九～？）という青年だった。致浩は木浦市に近い農村の貧困家庭に育っていたが、アメリカ人宣教師に助けられ、神学校を卒業することができた。その後、木浦にやって来て、キリスト教伝道活動に入った。そのときに、路上にいた孤児たちに出会い、十九歳のときに彼らとともに生活する共生園を建てることにしたのである。

園はみすぼらしい施設で、三十畳ほどの部屋が一つあるだけだった。致浩は孤児たちのためにゴミを拾い、物乞いもいとわなかった。「愛があれば人間の明日は心配いらない」という言葉を座右の銘にして、〝使命をもつ孤児たちの父〟の道を黙って歩んだ。

千鶴子は、第一印象で、この青年に強く心惹《ひ》かれていた。共生園で働くことを決意し、貞明女学校を退職した。

園には、上は十五、六歳から下は乳幼児まで四、五十人おり、彼らは千鶴子を母のように慕った。中にはなつかない子や反抗的な子もいて、困惑させられることもしばしばあった。しかし、これは心魂を注ぐに足る神からの使命の場として、千鶴子にはむしろ楽しいものであった。

園で働く時間は大幅に増え、また致浩のひたむきな姿に千鶴子は心を打たれるようになった。そんな致浩の人柄に魅かれ、彼からのプロポーズを受けて千鶴子は結婚を決意する。周囲から「乞食大将」などと揶揄されていた致浩だったので、周囲は千鶴子の結婚に猛反対する。

しかし、信仰心のあつい母ハルだけは違っていた。

「結婚は、国と国がするものではありません。人と人がするものです。天の御国では韓国人や日本人の区別はありません」

武士の血を引き女丈夫ともいうべきハルの言葉は、千鶴子の結婚に勇気を与えた。

結婚した千鶴子は、木浦の孤児たちの〝本物の母（オモニ）〟となるために、韓国語を話しチマチョゴリを着た。楽しく遊ぶ子供たちに、千鶴子はやさしく子供に視線を合わせ続け、音楽を教えた。家族との別れの悲しみやひもじさで辛いとき、オルガンを弾いて一緒に歌い、心の傷を癒した。子供が病気になれば手を握り、果物を嚙み砕いて口移しで食べさせてやった。

子供たちの傷ついた心は、少しずつ癒されていき、血のつながりがなくても家族になれることを知った。肉親の愛情に飢えていた子供たちの固い表情は、少しずつとけていき、見違えるほどに明るくなり、致浩や千鶴子のいいつけを守るようになった。

それから間もなく、千鶴子のからだに奇跡が起こる。医師から不可能と宣言されていた千鶴子が妊娠したのである。生涯、千鶴子は四人の子宝に恵まれるが、孤児たちを寂しがらせないようにと、我が子らを彼らの部屋に移して、同様に接し扱ったのだった。

この子たちに生涯を捧げよう

昭和二十年（一九四五）八月十五日、日本は終戦を迎えた。そしてその後、朝鮮半島は三十八度線を境に北には金日成《キムイルソン》（一九一二～九四）が首相（後に国家主席）になり北朝鮮、南には李承晩《イスンマン》（一八七五～一九六五）が大統領になって韓国が成立した。

このときから、千鶴子の苦難と試練の人生の幕が開く。敗戦国の日本出身者である千鶴子への風あたりが強くなり、殺意を持ち凶器を手にした村人が園に押しかけてくる、という騒動があった。

そのとき暴徒の前に立ちはだかり、棒や石を手にして千鶴子を守ってくれたのが園児たちだった。

「お母さんは日本人でも、僕たちのお母さんだ。誰一人、お母さんに手を出させない」

この言葉を聞いた千鶴子の長男基は、「今でもそれを忘れられない」という。朝鮮戦争（一九五〇〜五三）が始まると、木浦に侵攻してきた北朝鮮軍から人民裁判にかけられ、処刑されそうになったこともあった。そのとき命がけで彼女を守ってくれたのが、夫の致浩であった。

「もし千鶴子が殺されねばならないというなら、その前に、この私を殺してください」

この血を吐く思いで絶叫した致浩の言葉が、千鶴子を救ったのだった。

戦況が逆転し、木浦から北朝鮮軍は退却していった。だが、まだ勝敗がおぼつかない激戦下におかれた政府からは、福祉事業に対する援助は皆無であった。戦火や粛清で両親を失った孤児たちが急増し、共生園は三百人以上もの子供たちで膨れあがったのである。

「子供たちに食べさせる明日の米がない」

といって致浩は食料調達のために光州に向かった。

木浦から九〇キロ離れた光州に行くには、まだ治安も極端に悪い時期であった。千鶴子は光州行きをとめたが、「遅くとも五日以内に帰れるだろう」といい残して出かけた。これが、千鶴子が聞いた致浩の最後の言葉になる。

木浦駅で見送り別れた後、致浩は消息を絶つ。必死の捜索も虚しく、二度と彼女のもとには戻らぬ人となったのである。千鶴子は、一人残された。換金できるものは、すべて金にかえた。着物も箪笥《たんす》も結婚記念のオルガンも、もう売れるものは何一つ残っていなかった。

彼女は、孤児たちを養うために無我夢中で働いた。方々かけまわっては、一握りの米でも芋の切れはしでも貰えそうな家を訪ねては、額を土間に擦《す》りつけるようにして懇願した。なりふりかまわず奔走《ほんそう》して自ら毎日リヤカーを引き、街にくり出して食料を集め資金の確保に努めたのである。

時間さえあれば、市役所や市内の有志、教会を訪ね食料援助を訴えた。子供が病気になれば、おぶってあちこちの病院をかけ回った。千鶴子は、「乞食大将の妻」に徹したのである。

これを哀れに思った致浩の友人や親せきは、

「共生園をあきらめ、一旦日本に帰ってはどうか。わざわざ苦労を買って出ることはないだろう」

と言葉をかけた。

千鶴子にも、むろん強い望郷の念はあった。遠く離れた故郷、高知の空が恋しかった。故郷に帰った母を思い、頰をぬらす日もあった。しかし、自分の命を守ってくれた園児たちや致浩のことを思うと、共生園から手を引くことも日本へ逃げ帰ることもできなかった。

夫に再会する日を信じて祈った。

「神様、この子たちを守ってください」

千鶴子は毎日聖書の言葉にすがって生きたのである。

日韓の架け橋となった千鶴子の愛と献身

一九五三年（昭和二十八）四月下旬、園には暖かな春の陽が注がれやわらかな風が吹いていた。そんな日に数台のジープが黄塵《こうじん》を巻き上げながら、園の運動場に入ってきた。ジープからまっさきに降りてきたのが、林《イム》基奉《キボン》議員だった。林は牧師で致浩と親交があり、致浩の応援によって国会議員になった人である。これまでにも何くれとなく致浩や千鶴子のことを気遣ってくれていた。

林は千鶴子に老紳士を紹介した。

「千鶴子さん、ご紹介します。こちらが咸《ハム》台《テ》永《ヨン》副大統領閣下です」

咸副大統領は自己紹介し、千鶴子に握手を求めた。

「尹さんの人類愛については、林議員から承っておりました。尹さんのご努力には心から尊敬しています。政府としても、できるだけの協力をしたいと思います。おからだに気をつけて、試練に打ち勝ってください」

そういって、もう一度千鶴子の手を固く握った。

それから、韓国政府が千鶴子の長年の苦労に報いて大韓民国文化勲章「国民賞」の授与を決議したのは、十年後の一九六三年（昭和三十八）のことだ。

最高の栄誉である勲章を受けたのに、

「ただただ私は、夫をがっかりさせたくない――と思うだけでやってきましたので、……」

と千鶴子は謙虚に応えるばかりだった。

千鶴子は、この受賞を報告するため帰国する。政財界の人たちが彼女を出迎え、当時経団連副会長を会長とする後援会「田内さんとその事業を励ます会」が発足した。これが、日韓国交を大きく前進させる機縁にもなった。

念願の日韓国交正常化の締結（一九六五）を喜ぶのもつかの間、千鶴子を病魔が襲う。肺がんだった。その二年後に、日本政府から「紫綬褒章《しじゅほうしょう》」を贈られるが、その伝達は病床で行われた。

病院での病状は一進一退。回復と悪化を繰り返した。とうとう視力障害も起こし、ほとんど見えなくなった。

千鶴子は息子の基を呼び出し、やっと聞き取れる小さな声で、

「梅干しが、梅干しが食べたい……」

と日本語でつぶやいた。

ずっと韓国語を話していた千鶴子の言葉が、日本語にかわっていた。この日から亡くなるまで、ついに千鶴子の言葉は韓国語に戻らなかった。

亡くなる前に、せめて子供たちに会わせてあげたいと、千鶴子は一年ぶりに共生園に戻ってきた。子供たちは、目に涙をためながら毎日千鶴子の回復を祈った。しかし、それも虚しく一九六八年（昭和四十三）十月三十一日、奇しくも五十六歳の誕生日の日に波乱の生涯を閉じた。

千鶴子の葬儀は、木浦市長の申し出により市民葬が行われた。葬儀が行われる駅前広場は、全国各地から集まった三万人の人々で埋め尽くされていた。

園児を代表して、十七歳の李在植《イチェシク》が哀悼の辞を読んだ。

「涙と血と汗で種をまいた者は、喜びの盃を授かるであろうという言葉がありま す。本当に涙と血と汗で種をまいた人がいるとすれば、お母さん、それはあなたの ことです……」

頬を伝わる涙をぬぐいもせず、千鶴子を思う気持ちを素直に語り、その声は清々《すがすが》しく響き渡り、聞く者たちの涙を誘った。

翌日の新聞各紙は、一面トップで千鶴子の葬儀を報じた。

「異郷に暮らして五十年　韓国孤児三千人を育てたオモニ　田内千鶴子女史、逝去す」

「この日、木浦は泣いた」

運命の荒波に翻弄されながらも清貧に生き、夫の志と事業を守り抜き、生涯恵まれぬ子らに注いだ千鶴子の愛と献身は、日韓の人々に今も語り継がれ、その交流の架け橋となっているのである。

令和四年（二〇二二）十月三十一日で千鶴子の生誕百十年を迎える日を前にして二十八日、木浦市で記念式典が開かれた。両国の関係者や市民など、およそ七百五十人が出席した。この式典に出席するため、浜田省司《せいじ》高知県知事、明神《みようじん》健夫高知県議会議長など四十人からなる友好代表団が全羅南道を訪問した。

式典では、尹錫悦《ユンソンニョル》大統領のメッセージが読み上げられ、

「激動の中でも、子どもたちを守ろうとした田内さんの愛と献身は、日本と韓国の国民の心を動かした」

とその功績がたたえられた。

〝三十八度線のマリヤ〟と呼ばれた愛の理髪師

韓国孤児百三十三人を育てた望月カズ

韓国へ密航、そして難民収容所へ

一隻の小さな木造船が、韓国釜山《プサン》港沖にエンジンを止め、夕日を浴びながら波間に漂っていた。福岡から来たこの船は密航を企《くわだ》て、夜になってから釜山港に入る手はずを整えていた。

昭和二十三年（一九四八）、すでに日本と韓国には国境ができていた。このときGHQ（連合国軍最高司令官総司令部）の占領下にあった日本では、その許可がなければ国境越えができず、このように日本から韓国に密航する人々が少なからずいたのである。その中に、望月カズ（一九二七～八三）は、他の密航者たちとせまい船室に身を隠していた。

二十一歳になったカズは、彼女が六歳のときに亡くなった母の墓のある満洲をめざしていた。朝鮮半島を突き抜けて、そこにたどり着こうとしたのである。

無事、釜山に上陸したカズは、半島を北上する旅を続け、韓国と北朝鮮との境界である三十八度線に差しかかった。大東亜戦争（一九四一～四五）が終結して、当時朝鮮半島は三十八度線を境に南北に分けられ、北側をソ連軍、南側をアメリカ軍が占領統治していた。その後、一九四八年（昭和二十三）に北が北朝鮮、南が韓国になったのである。そして、両国は対立を深めていった。

カズは、この境界線の取り調べにひっかかり、ソウル市の難民収容所に送られてしまう。そして、間もなくして、一九五〇年（昭和二十五）六月二十五日に北朝鮮が境界線を越えて侵攻し、朝鮮戦争が勃発するのである。

戦場になったソウルで孤児たちを引き取る

カズは昭和六年（一九三一）に満洲にわたり、母と二人で暮らしていた。その二年後、六歳のときに母が亡くなってしまう。孤児になったカズは中国人農家に売られ、零下二十度を超す極寒の中で牛馬のごとく働かされた。

いたたまれなくなったカズはそこを逃げ出し、日本軍に保護されながら朝鮮に行く。十七歳のときに親切な日本人の養女（永松家）となり働いていたが、間もなく終戦を迎える。カズは母の遺骨を持ち帰ろうとして満洲に向かうが、途中それがかなわず日本へ帰国した。

戦後の混乱で養父母との連絡もつかなくなり、生活苦の中、希望を失ったカズは、死ぬことを考えるようになっていた。

〈どうせ死ぬなら、お母さんが眠る満洲へ行こう〉

そう決心して、福岡から密航船に乗り込み、韓国から満洲に向かおうとしていた矢先に、朝鮮戦争に巻き込まれてしまったのだった。

北朝鮮に占領されたソウルに国連軍は爆撃を加え、それは日に日に激しさを増していった。銃弾と砲弾が飛び交い、目の前で子供を抱えた母親が撃たれた。すでに母親には息はなく、泣き叫ぶ子供をカズは必死になって抱きかかえ、近くにあった公園に避難した。

子供は、二歳ぐらいの男の子だった。

〈私は、こんな小さな子供をひきとってどうなるのかしら……。やっぱり育てることなんてできないわ〉

抱いている子供を人目につきやすい場所に置き去りにしようとした。

そのとき、

〈この子には、母親の遺骨すら手にすることができないんだ〉

と母を亡くしたときの記憶がよみがえってきた。

〈この子を、私と同じ不幸な孤児にしてはいけない。生きていけるところまで、この子と一緒に生きてみよう〉

カズはきびすを返して子供をもう一度抱きあげ、そう決意した。

ソウルは焼け野原になり、両親を失った孤児たちが、いつの間にかカズのところに集まってきた。数人の孤児たちと、カズは市内の橋の下で暮らすようになっていた。

戦争は、ますます激しさを増す。一時、国連軍と韓国軍はソウル市を奪還したが、北朝鮮軍に中国義勇軍が支援に加わり、再びソウルに迫ってきた。ソウル市民は続々と避難を始め、カズと孤児たちもソウルを離れ釜山に向かった。途中戦火で親を亡くした子供と出会い放置できず、連れていく孤児は合わせて五人になった。

自分の血を売り、苦しい生活をしのぐ

三年間に及ぶ戦争が、一九五三年（昭和二十八）に休戦協定が結ばれ終結した。釜山にいた避難民たちは続々と故郷に帰って行く。ソウル生まれの孤児たちが多かったこともあり、カズもソウルに戻ることを決意する。このときカズは、二十六歳

になっていた。

カズは、〝青空理髪店〟を開き、生活をしのいだ。以前満洲で孤児になったとき、理髪店の手伝いをさせられ、髪を刈る技術を知っていたからである。空き地を見つけバラック小屋を建て、そこで店を始めた。近くのビルの労働者たちがやってきて、次第に店は繁盛するようになった。

理髪店を終えると、近所の食堂を一軒一軒まわり、客の食べ残しや食材くずをもらい受けるのがカズの毎日だった。子供たちが寝静まった夜中に、残り物だと子供たちに気づかれないように火を通し調理をし直した。これを翌日の食事にした。

「お母さんは一緒に食べないの？」

「お母さんは後でいいのよ。先にお食べ」

「お母さんの分が、なくなってしまったよ」

いつも最後に食べるカズは、食事がとれない日がたびたびあった。

カズはこつこつお金をためて、公園の横にわずかな土地を購入し、古材を寄せ集め家を建てた。一九六〇年（昭和三十五）のことである。カズも三十三歳になっていた。

孤児を育てていることを知ってか、家の前に赤ちゃんが捨てられることがよくあった。そんなことで家族は増える一方になり、子供は三十人以上になっていた。

昼は理髪店、夜は洋服縫い。寝る間も惜しんで働いても追いつかないので、血液銀行に自分の血を売りにしばしば通った。血を売れば、数日間は食べていける……。何度も採血するので、カズの腕は真っ青になっていった。

ある日、採血係の人が心配になり言葉をかけた。

「もうこれ以上、あなたから採血はできません。こんなことをしていたら、死んでしまいますよ」

「私はどうなってもいいんです。なんとか、子供たちに……」

頼んでいるうちに、ポロポロと涙がカズの頬を伝った。

「ちょっと、待っていてください……」

係の人が立ち上がり、しばらくして戻ってきた。

「あなたは日本人でありながら、韓国の子供を一所懸命育ててくださっていることを知っています。感謝しています。これ、みんなからの気持ちです。どうか受け取ってください」

そういうと、ひとつの包みをカズに手渡した。中には肉とお金が入っていた。カズには、その親切がたまらなく嬉しかった。

子供たちを学校に通わせたい

ソウルはどんどん復興し、世の中が落ち着いてきた。そうなると理髪店経営には理容師の資格が必要になる。しかし、カズは外国人なので、受験ができない。無資格のまま身元が判明しない者が店を開いているということで、カズは警察に連行されてしまう。

カズが取り調べを受けるために留置所に入れられたことを、子供たちは知り驚いた。子供たちは全員で警察署に向かい、「お母さんを返せ！」と皆で叫んだ。路上で一夜を明かすことを覚悟して必死になって叫んでいたので、警察も驚いた。そして、カズが危険な人物でないことが分かり、翌日無事釈放された。子供たちは一晩中、警察署の前でカズを待っていた。

「韓国人孤児を育てている日本人女性がいる……」

新聞に取り上げられたのをきっかけに、カズの献身的な姿が韓国の人々の心を動かした。世論の後押しを受けて、晴れて理容師の資格を取得。バラック小屋を改良し店を構えた。カズは、韓国の人たちから「サランエ・イバルサ（愛の理髪師）」と呼ばれるようになった。

一九六四年（昭和三十九）、カズと暮らす孤児たちは五十人以上になっていた。三十七歳になったカズは、ソウル市の名誉市民に選ばれた。

「お母さん、おめでとう！」

と孤児たちも大喜びだった。

カズのことが日本のテレビや新聞などで報じられ、その「国境を越えた愛」に感動した日本人や日本赤十字社、アメリカの日系人たちからも支援の輪が大きく広がっていった。そして、その支援をもとにカズは軍手製造に力を入れ、またミシンを購入して洋裁の内職も行った。

カズは、日本人としての誇りも捨てなかった。端午《たんご》の節句《せっく》には、鯉《こい》のぼりを毎年あげた。そして、店の壁にダルマの絵を貼り、

「ダルマは何度転んでも立ち上がれるんだよ」

と子供たちに教えた。

また、どんなに貧しくても、子供たちを学校に通わせた。中には大学に通うようになった子供もいた。

〈学校で勉強したい〉

カズは、いつもそう思っていた。人間にとって、教育がどんなに大事か知ってい

たからである。

昼は理髪店をしながら炭や薪を売り、夜は軍手の製造、と手を休める暇なくカズは働いたのだった。過労で倒れ、入院することもしばしばあった。それでも、新たな孤児を引き取り続けた。

そうして、韓国政府は一九六七年（昭和四十二）に、休まず働き孤児たちと暮らすカズに光復賞、一九七一年（同四十六）に日本人としては異例の国民勲章三等冬柏章を授与した。

その後も、カズは子供を引き取り続けた。合わせて百三十三人もの孤児たちを育てた。彼女はいつしか、こう呼ばれるようになった。

「三十八度線のマリヤ」

しかし、長年の過労がたたり、一九八三年（昭和五十八）十一月十二日にカズは脳溢血で帰らぬ人となった。五十六歳だった。生涯を終えたその日に、日本政府はカズに勲五等宝冠章《ほうかんしょう》を贈った。

韓国で行われた葬儀には、多くの人たちが参列。墓石には、カズのトレードマークだったダルマとハングル語で「愛の理髪師」という言葉が刻まれた。

そして、静岡県富士市にある瑞林寺《ずいりんじ》にも、分骨されたカズの墓石が建てられた。

そこには、
日韓の孤児百三十余名を養育
三十八度線のマリヤと呼ばれた
望月（永松）カズ
富士山の見えるところに眠りたい
との遺志をかなえてここに眠る
と、カズの功績と生前のささやかな彼女の願いが刻まれている。

第一一章

恩讐や国境を越えて人を救う

遭難外国船乗組員・乗客を救出した沿岸漁村民たち

スペイン船サン・フランシスコ号／ロシア軍艦ディアナ号／ドイツ商船ロベルトソン号

当然ではない遭難船員救助

わが国は、海に囲まれた島国である。ヨーロッパに大航海の時代が訪れると、日本近海を航行する異国船も増えるようになる。それに伴い、日本の沿岸部で座礁する海難事故がしばしば起こったのである。日本人はその遭難した人々を命がけで救助するということを何度も行ってきた。

こうしたことは、どこの国でも当然のこととして行われたわけではない。現に宮古島の人を乗せた船が台風に遭い、漂着した台湾南部で、原住民によって六十六名中五十四人が惨殺《ざんさつ》されるという事件が、明治四年（一八七一）に起きている。

危険を伴いながらも異国人を助け、さらには彼らをもてなすということは、よほど進んだ文明や人道博愛精神、勇気がなければなかなか成し遂げられない行為なのである。

岩和田村漁民たちのサン・フランシスコ号乗組員救出

御宿町《おんじゅくまち》は、千葉県夷隅郡《いすみぐん》にある。房総半島の東に位置し、風光明媚《ふうこうめいび》な小さな町である。海岸部は南房総国定公園に指定されており、日本三大海女《あま》地帯の一つにあげられる。海岸には約二キロメートルに渡る真っ白な砂浜が広がり、童謡「月の沙漠」発祥の地として知られるところでもある。

昭和五十三年（一九七八）、この御宿町はメキシコのアカプルコと姉妹都市になった。その背景には、こんな物語がある。

今から遡ること四百年以上前の慶長十四年（一六〇九）、スペイン領フィリピン総督ドン・ロドリゴ（?～一六三六）を乗せた船サン・フランシスコ号がヌエバ・エスパーニャ（スペイン領メキシコ）へ向けて航海中、暴風に遭遇。日本の上総国《かずさのくに》夷隅郡岩和田村《いわわだむら》（現在の御宿町）沖合で座礁し沈没した。乗組員三百七十三名のうち、溺死を免れた三百十七名が岩和田村田尻の海岸に漂着し、地元の漁師や海女に救助された。

遭難者たちは、荒波にもまれて衣類がはがされ、裸同然の悲惨な状態だった。村人たちはこれを憐れみ、女性は涙を流して同情していたという。

岩和田村は、貧しい村だった。三百人足らずの村人たちは、それでも着物や食物を惜しむことなく供給した。食料として、米、ナス、大根、まれに魚類が振る舞われた。さらに乗組員たちは、民家や寺に宿泊することになる。貧しいながらも至り尽くせりのもてなしであったことが、ロドリゴの『日本見聞録』に記されている。

結局、彼らは岩和田村に三十七日間も滞在し、その後、徳川家康がウィリアム・アダムズ（三浦按針《あんじん》）を派遣し、ロドリゴ一行を駿府《すんぷ》（静岡市）に招き、江戸城では二代将軍秀忠（一五七九〜一六三二）と面会し歓待を受けた。翌年、家康はアダムズに命じて、西洋型帆船を建造させた。

外国貿易に積極的であった家康は、銀の精錬技師五十名の派遣と通商を要請した。そして、慶長十五年（一六一〇）、家康は四千ダカット金貨（現在の金額にして約七千万円）を与え、京都の商人田中勝介《しょうすけ》ら二十数人の日本人をロドリゴらとともに浦賀から帆船を出航させた。船は無事メキシコのアカプルコに到着。これは、日本人初の太平洋横断の歴史にもなった。

江戸時代には、スペインやメキシコとの交流は拡大しなかったが、明治二十一年

（一八八八）、わが国はメキシコとの通商条約を結んだ。それまでに結んだアメリカやイギリスとの条約は不平等なものであり、その改正には明治後半までかかったが、日墨《にちぼく》修好通商条約は平等条約であった。

当時のアメリカの新聞には、日本の主権を認めたメキシコの態度を賞賛する記事が掲載された。後に日本は不平等条約の改正に成功するが、その背景にはこの日墨関係が好影響を与えたといわれている。

日本はその返礼として、明治三十一年（一八九八）、永田町の土地を在外公館用としてメキシコに提供した。永田町に一戸建て大使館を持つのは、メキシコだけだった。

平成二十一年（二〇〇九）には、日墨交流四百周年記念式典が開催され、皇太子殿下（現・天皇陛下）をはじめ、駐日メキシコ、スペイン両大使や武正公一《たけまさこういち》外務副大臣、森田健作千葉県知事が出席され、盛大に行われた。

これを記念し、メキシコ政府からは感謝の気持ちを込めて、「抱擁」という像（メキシコ彫刻界の巨匠ラファエル・ゲレロの作品）が寄贈された。また、メキシコの宗主国だったスペインの国王からも御宿町の町民に感謝の意を表して、「イサベル女王勲章徽《き》章」の贈呈が行われたのだった。

「ちばの眺望１００景」に選ばれたメキシコ記念公園の高台に、高さ一七メートルの「日西墨三国交通発祥記念之碑」（昭和三年〈一九二八〉建立）が天に向かいそそり立っている。御宿の町並みと海岸線を背景に建つ、白く輝く記念塔の横には、日本・メキシコ・スペインの友好を象徴するように、三国の国旗がはためいているのである。

ロシア軍艦ディアナ号乗組員を救助し、木造船「ヘダ号」で帰還

幕末期、ロシアは日本海への出口であるウラジオストクを拠点に、その力を太平洋岸へも伸ばし始めていた。一八五二年（嘉永五）アメリカが日本に遠征隊を送る計画を知ったロシアは、エフィーミ・ワシーリビッチ・プチャーチン（一八〇三〜八三）を日本に派遣することにした。

プチャーチンを乗せた軍艦ディアナ号が下田に来航したのが、嘉永七年（一八五四）十月十五日。目的は通商を求めることと、長年紛糾を生んでいる千島及び樺太《からふと》の国境を定めることにあった。

両国の交渉の第一回目は十一月三日、下田にある福泉寺《ふくせんじ》で行われ、次回は五日にすることを約して終了した。

プチャーチンは下田港について、
「米国がどうして下田港を承認したか分からない。多分、夏だったので気がつかなかったためかと思うが、冬の下田港は安全ではない。ディアナ号は入港以来、風の変わる毎《ごと》に三度もつなぎ替えている」
といっていたが、その「安全ではない」下田港は、交渉の翌日に大災害に遭うことになる。

四日朝十時頃、マグニチュード八・四の大地震が発生し、それに続き高さ一三メートルを超える大津波が下田を襲った。下田湾には海水があふれ、波と波が激しくぶつかり合い、湾内で渦が巻いた。ディアナ号からは、水没した下田の町からわずかに寺の屋根だけが見えたという。「安政の東海大地震」と呼ばれた震災だ。

ディアナ号は、次第に北岸の浅瀬に押し流されて傾き始め、転覆しそうになる。舵《かじ》は跡形もなく破壊され、艦底も破損して浸水がひどくなり、ポンプで水をくみ出す状態であった。

損傷を受けたディアナ号は、艦体修理のため伊豆西海岸の戸田《へだ》港に向かった。戸田は下田から十五、六里（約七〇キロメートル）の地点にある良港である。伊豆半島の南端を回りのろのろと進んだが、激しい波風に押し流されて駿河《するが》湾の奥深く、富士郡宮島村沖に錨《いかり》をおろすことになる。

海岸には地元の村人たちが千人ほど海岸に集まり、ディアナ号を見つめている。船には海水がどんどん入り、危険な状態である。船から海岸までは二〇〇メートル。何とか命綱を張り、全員が海岸にたどり着こうと考えた。

船からボートを降ろし、移り乗った特命隊のメンバー八人が、艦に結びつけた命綱をがっちり握り、海岸に向けて漕ぎ始めた。波は絶え間なくボートを翻弄する。村人たちは激浪がボートを岸へ放り出すに違いないと察し、綱に体を結びつけて身構えていた。

そして、ボートが岸に着くやいなやそれをとらえ、潮の引く勢いで沖へ奪われないようにしっかりとボートをつかみ支えた。次に、特命隊が握っていた命綱を、浜の方へ全員で引っ張っていく。老若男女を問わず、みんなが綱をつかんで全力で引っ張った。

この綱を通して、ディアナ号乗組員の全員約五百人の救助が、三日間にわたり続けられた。必要な荷物も運びだされ、一人の犠牲者も出さずに上陸できたことは奇跡に近いことだった。この光景を見て感嘆した従軍司祭神父ワシーリィ・マホフは、その著『フレガート・ディアナ号航海誌』にこう書き残している。

「善良な、まことに善良な、博愛の心に満ちた民衆よ！　この善男善女に永遠の幸あれ。末永く暮らし、そして銘記されよ――五百人もの異国の民を救った功績は、まさしく日本人諸氏のものであることを！」

村人たちは、上陸してきたロシア人に対しても親切だった。

マホフはいう。

「毎日、町や村から大勢でやって来る日本人たち、わけても宮島村の住民たちはできるかぎりの援助をしてくれた。ある人々は大急ぎで囲いの納屋《なや》と日除けをつくって、私たちが悪天を避けられるようにしてくれた。また別の人々は上等のござや敷物、毛布や綿入れの着物、それにいろいろな履物を持ってきた。米、酒（ウオトカ）、蜜柑《みかん》、魚、卵を持参した人もあった。何人かの日本人が、目の前で上着を脱ぎ、私たちの仲間のすっかり冷えこんで震えている水兵たちに与えたのは驚くべきことであった」

この日本人がロシア人に示した「驚くべき」親切は、プチャーチンも『フレガート・ディアーナ号の下田遭難に関するロシヤ海軍省の記録』の中で言及しており、「我々が上陸した宮島村では、地震に破壊されなかった家は一軒も残っていない有様だったが、彼らの我々への人間愛による配慮は、到底賞賛し尽くし難いものであった」

と書いている。

宮島村の人々は、あの東日本大震災における石巻市や東松島市のように甚大な被害を出している。そんな境遇の中にあったにもかかわらず、彼らは船を失ったロシア人に対し、「到底賞賛し尽くし難い」「人間愛」で食料や衣類などを惜しげもなく与え助けたのだった。

翌日、沖合に浮かぶディアナ号は、百隻余りの地元の漁船で引っ張り、戸田まで曳航《えいこう》していこうとしたが、途中悪天候に見舞われ失敗し、海中に沈没した。

プチャーチンらは、六日間ほど宮島村に滞在して戸田村に移り、ここで幕府の協力により小型木造船を建造することになる。幕府は必要な資材を提供し、熟練した船大工四十名と人足百五十名を戸田に派遣して作業を援助させた。船は約三カ月で竣工し、「ヘダ号」と命名された。

ロシア人たちは、ここ戸田村でも温かく迎え入れられたようである。村人たちは五百人もの食料を確保するだけでも、大変な苦労だった。戸田は山だらけで平地が少なく、農作物は充分に収穫できない土地である。それでも、地元の漁師たちが天城《あまぎ》の山まで出かけて鹿や猪を狩ったりして、できるだけのことをしてもてなそうとした。

これについてマホフは、

「彼らは客好きで善良である。オランダ人以外の外国人を入国させないという法をまげてまで、私たちを愛想よく迎え、住居を提供して、生活に必要なものをすべて持ってきてくれた。かれらは友情に厚く同情心に富み、私たちは滞在中、誰一人として侮辱を受けた者はいない。常に好意と尊敬を示し、日本を去るときにも友情を示し別れを惜しんでくれた」

と書いている。

プチャーチンも、幕府に滞在中の厚誼《こうぎ》に感謝する文書を送り、安政二年（一八五五）にヘダ号に四十八名、アメリカ商船カロライン・フート号に百五十九名が乗船し、戸田港を出航していった。

残りの乗組員三百名程は後日商船グレタ号で出航したが、途中、目的地樺太アニワ湾近くでイギリス軍艦に拿捕《だほ》され捕虜となり、イギリス領香港に移送されてしまうことがあった。当時、英露間で、クリミア戦争（一八五三〜五六）が行われていたからである。それが終結して講和が成立すると、ようやく彼らは釈放され、本国への帰国を果たしている。

それから三十余年の歳月が流れ、明治二十年（一八八七）、プチャーチンの娘オルガ（皇后付女官）が、はるばる来日した。彼女は戸田村を訪問し、父が受けた援助の返礼として村へ記念品と寄付金を贈り謝意を述べた。

それ以後も交流は続き、昭和四十五年（一九七〇）には下田市長楽寺で斎行されたプチャーチン慰霊祭にその玄孫《やしゃご》マリーナが参列。平成四年（一九九二）には、プチャーチンの子孫にあたるドミトリー・プチャーチン夫妻が「友好半島・日露の会」の招きで富士市を訪問し、「日露友好下田の夕べ」に出席している。

昭和五十五年（一九八〇）から始められた「戸田港まつり」では、プチャーチンにちなんだパレードやシンポジウムなどが開催されている。

ドイツ商船ロベルトソン号遭難者たちを勇気づけた宮古島のかがり火

博愛！
我々が東シナ海にある　歴史に置き忘れられたような
小さな島タイピンサン（太平山＝宮古島）で
体験した幾十日の日々を　言葉にたとえていうのなら

まさにこの〝博愛〟の一語につきる
彼の地の人々の暮らしは決して 豊かといえるものではなかった
だが彼らが我々に示してくれた
人間愛は人種、国境を越え 永く歴史に記されるべきであろう

これは、ドイツ商船ロベルトソン号船長エドワルド・ヘルンツハイム（一八四七～一九一七）が詠った詩である。

一八七一年（明治四）、ドイツのハンブルク港を出航したロベルトソン号は中国で茶を仕入れ、一八七三年（同六）にオーストラリアのアデレードに向けて出港した。

航海に出て三日目の夜、ロベルトソン号は不運に見舞われる。台風が吹き荒れ、山のような大波が次々と襲いかかり、乗組員二人が海に投げ出され溺死。船は帆や舵を失い、海の漂流物と化した。

恐怖の一夜は明けたが、嵐は依然としておさまる気配がない。乗組員たちは、船の安定をはかるため懸命な作業を行っていた。すると、そのとき島影が見えた。そして、船が島の方向へ流されていくのが分かった。

ヘルンツハイム船長は、その島がタイピンサン（宮古島）であると察した。タイピンサンは、周囲が浅い珊瑚礁《さんごしょう》に囲まれている。このままの速さで流されていけば、船はそれに激突するだろう。アンカーを打ち、必死に流れに抵抗しようとしたが、その作業も虚しく船は暗礁にのりあげ破損した。

と、そのときちょうど近くを航行していたイギリス海軍カーリュー号が、大破したロベルトソン号を発見する。イギリス人たちは、カッターを出して救助に向かう。だが、陸のような岩礁が、カッターを寄せつけない。二度、三度接近を試みたが、いずれも失敗に終わる。これ以上の活動は危険とみたカーリュー号はカッターを帰艦させ、一人も救助できずにその場から離れていってしまった。

万事休す、とロベルトソン号の遭難者たちが絶望していたとき、宮古島の宮国村《みやーぐんむら》遠見番（見張り役）の人々が彼らを見つけていた。沈没寸前の船の情報が直ちに村の番所に伝えられ、村人たちが海岸へと救助に向かう。

当時貴重だった薪を集め海岸でかがり火をたき、遭難者たちを勇気づけようとした。この光は、確かに彼らに届いていた。

この光景を後にヘルンツハイム船長は、

「漆黒の闇の中に点々と燃えるかがり火。私は火というものが、これほどまでに人に深い感銘を与えるものとはかつて思いもしなかった。死の崖っぷちに立たされた我々にとってはまさに生きる希望そのもの……。生涯忘れがたい光景であった」

と語っている。

岩礁にひっかかったロベルトソン号は、依然大波にたたきつけられ、まだ浮かんでいるのが不思議なくらいだった。村人たちは荒波の中、サバニという小舟を出して救助に向かう。

途中転覆してしまうこともあったが、なんとかサバニをたてなおしロベルトソン号の船縁《ふなべり》まで行き、船長以下乗組員十名全員を移し乗せることができた。浜に戻るとき振り返ると、満身創痍《そうい》のロベルトソン号が力尽きたかのように船首から海底深く沈んでいった。

かろうじて救出された船長ら一行は、三十四日間村で十分な休養と心温まるもてなしを受けた。島の人々との人情味あふれる交流は、特に彼らを感激させた。

「異国の人間である遭難した私たちに対し、本当に心のこもった優しさと人情で私たちの世話をしてくれた」

とヘルンツハイム船長は書き残している。

ドイツへ帰国してからも、この船長の感激は冷めやらず、新聞に手記を発表した。これが国内で大きな反響を呼び、ドイツ皇帝ヴィルヘルム一世（一七九七～一八八八）がこれを嘉賞《かしょう》し感謝の意を表して、宮古島に明治九年（一八七六）、「ドイツ皇帝博愛記念碑」を軍艦で送り届けた。この記念碑（事故救助の経緯・謝意が漢文とドイツ語で記載）は、同島の平良《ひらら》港を見下ろす高台に設置されている。

戦前期、ロベルトソン号事件は国定修身教科書に、「博愛」（第四期、昭和十二）、「宮古島の人々」（第五期、昭和十六）というタイトルで取り上げられたことがある。戦後にはこの博愛精神を後世に語り継ぐべく、平成八年（一九九六）、上野村（現・宮古島市上野字宮国《みやぐに》）に「うえのドイツ文化村」というテーマパークが開設された。

同十二年（二〇〇〇）には、当時のドイツ首相ゲアハルト・シュレーダー（一九四四～）がここで開催された記念式典に出席。さらに同十八年（二〇〇六）にはヘルンツハイム船長の子孫ゴスタ・ガールトンも感謝の気持ちを伝えるために来村している。

地元小学校でも、毎年「博愛の日」を設け、ロベルトソン号にまつわる話を発表したり、地域の清掃活動を実施したりするなど博愛の精神を考える機会にしているという。

敵兵を救助せよ

工藤俊作／上村彦之丞／都濃村の人々

「諸君は大日本帝国海軍の大切な賓客である」

元英国外交官サムエル・フォール卿《きょう》の翻訳書『ありがとう武士道――第二次大戦中、日本海軍駆逐艦に命を救われた英国外交官の回想』（中山理監訳、麗澤大学出版会）が、平成二十一年（二〇〇九）に出版された。

その巻頭にフォール卿は、こう記している。

「私は、本書を、大戦中、私の命を救ってくださった、日本帝国海軍少佐、故工藤俊作に捧げます。そして、武士道という偉大な精神をつくり上げられた日本およびすべての日本人に、深甚の謝意と尊敬の念を申し上げたいと思います」

工藤俊作少佐（後、中佐、一九〇一～七九）とは、第二次世界大戦中活躍した駆逐艦「雷《いかずち》」の艦長である。

ジャワ沖海戦（一九四二）で、フォール卿（当時少尉）の自艦「エンカウンター」

は、日本海軍によって撃沈。沈没前に、救命ボートで脱出して海に約一日間漂流する中、フォール少尉は四百人余りの英国海軍将兵とともに、工藤の「雷」によって救助されたのだった。

そのとき、工藤艦長は最低限の兵員だけ残し、他は全員救助に向かわせた。これは日本海軍史上きわめて異例な号令だった。魚雷搭載用のクレーンまで使い、総動員して救助にあたらせたのである。

日本水兵たちは、汚物と重油まみれになっていた英国将兵たちを綿の布巾《ふきん》とアルコールでしっかりと拭き取ってやった。シャツと半ズボンと運動靴が支給され、ホットミルク、缶詰の牛肉、ビスケットが将兵たちにふるまわれた。

当初フォール少尉は、日本人は野蛮だという先入観から、日本海軍の艦影が見えたとき、銃撃を受けて殺されるものと覚悟していたという。それだけに雷の救助は、英国将兵たちにとってまさに奇跡としか思えぬ驚くべき出来事であった。

しばらくすると、艦橋《かんきょう》から工藤艦長が降りてきて、フォール少尉らに敬礼し英語で挨拶した。

「諸君は果敢に戦われた。今、諸君は大日本帝国海軍の大切な賓客《ひんきゃく》である」

フォール少尉は、夢を見ているのではないかと疑い、何度も自らの腕をつねったという。

工藤艦長はその後も、燃料不足が心配される中でも「漂流者を全員救助する」といって、生存者の探索にあたった。わずか数人でも見つけると、その都度艦をとめて救出していったので、艦上は人で一杯になった。いつ敵の潜水艦などから攻撃を受けるかもしれない中での、非常に危険を伴う救助であったにもかかわらず。

フォール少尉は、その後捕虜としてインドネシアの収容所に移送され、終戦後シンガポールを経由して無事イギリス本国に帰還。のちに彼はサーの称号が与えられるほど、有能な外交官として勤めることができた。

工藤俊作

冒頭のフォール卿の言葉にあるように、彼は日本人に対する謝意と尊敬の念を生涯通して持ち続け、平成二十年（二〇〇八）十二月七日、八十九歳のときに日本を訪れている。

工藤艦長はすでに昭和五十四年（一九七九）に七十八歳で鬼籍《きせき》に入っており、

直接の面会は叶わなかった。

しかし、埼玉県川口市の薬林寺で行われた式典に、艦長の遺族、雷の元航海長、英国海軍武官、護衛艦いかづち（四代目）艦長らが列席する中、フォール卿は艦長の墓に参り、祈りを捧げることができたのである。

三十八年後に受け継がれた武士道精神

フォール卿が動かなければ、工藤艦長の秘話は世に知られなかった。それを、恵《めぐみ》隆之介が自著『海の武士道』（産経新聞出版）で紹介したので、話題を呼ぶことになった。恵によれば、工藤艦長は幼少の頃、祖父母から子守歌代わりに軍歌「上村《かみむら》将軍」（全三番、作詞：佐々木信香、作曲：佐藤茂助）を聞き育ったという。

その三番歌詞に、こう詠われている。

蔚山沖《うるさんおき》の雲晴れて　勝ち誇りたる追撃に
艦隊勇み帰る時　身を沈め行くリューリック
恨みは深き敵なれど　捨てなば死せん彼等なり
英雄の腸《はらわた》ちぎれけん

「救助」と君は叫びけり
折しも起る軍楽の　響きと共に永久《とこしえ》に
高きは君の功《いさお》なり
匂うは君の誉《ほま》れなり

「上村将軍」とは、海軍大将上村彦之丞《ひこのじょう》（一八四九〜一九一六）のことである。上村大将は典型的な薩摩人で、若い頃から喧嘩っ早く、負けず嫌いという猛将だった。このような性格もあり、日露戦争時、果敢な遊撃性が期待される第二艦隊の司令官に選ばれたのだった。

開戦当時、ロシアは極東に旅順《りよじゅん》とウラジオストクの基地に、二つの艦隊をもっていた。これに対して、日本は連合艦隊の主力を旅順艦隊に向け、ウラジオ艦隊には上村大将の第二艦隊をあてた。

ウラジオ艦隊の動きは活発な機動意思を持ち、日本陸軍に多くの損害を与えていた。絶えず日本海や朝鮮海峡のあたりまで出てきて、日本と満洲間を交通する輸送船を沈めていたのだ。神出鬼没で、ついには東京湾や伊豆半島沖にまで出現し、日本の海上輸送路を脅かし続けた。

上村の第二艦隊は、ウラジオ艦隊捕捉に苦戦した。そのため、一時は国民の間から「無能」「国賊」「露探《ろたん》（ロシアのスパイ）艦隊」などと痛烈な非難の声があがり、上村大将の留守宅に投石する者が絶えなかった。

ようやく明治三十七年（一九〇四）八月十四日、第二艦隊はウラジオ艦隊の主力三隻を朝鮮の蔚山沖で発見。旗艦ロシアを先頭に、グロムボイ、リューリックが続き、いずれも戦艦級の巡洋艦である。第二艦隊の砲撃命中率は高く、開戦三十分ほどの間に、敵の三艦いずれも火災が起こった。リューリックは撃沈、他二隻は大破した。

沈みながらもなお砲撃を止めなかったリューリックを、上村大将は「敵ながら天《あっ》晴《ぱ》れ」と称讃し、「彼ら全員を救助せよ！」と命じる。艦から海に投げ出され、波間に漂い死に瀕したロシア将兵六百二十七名が救助された。そのため各艦とも、魚雷発射管のある室まで捕虜でいっぱいになった。

上村大将は部下に、

「復讐《ふくしゅう》の念をもって捕虜を虐待するな」

と厳命した。

日本水兵たちも甲板の上で横たわる負傷ロシア兵に、

「こいつらは憎い奴ですが、こうなったらかわいそうです」

と労《いた》わり猛暑の中、扇子《せんす》で仰いでやる光景も見られた。

こうした厚遇に、ロシア兵はみな涙を流して喜んだという。

この海戦の勝利により日本海軍は日本海の制海権を握り、上村大将自身も汚名をそそぐことができた。

国内では、

「これでこそ日本武士なれ」（『東京朝日新聞』明治三十七年八月十六日）

と讃えられ、世界の賞賛をも博した。

上村大将のこの救出劇の例話は、明治四十三年（一九一〇）から使用された第二期国定修身教科書に登場する。工藤少年はこの教科書からも上村のことを学び、生き方の〝手本〟としたのであろう。

「博愛」（第二期、巻五第二十五課）と題する例話の一節の中で、上村大将は次のように伝えられている。

上村彦之丞

「明治三十七八年〔注：明治三十七～三十八年の日露戦争〕戦役に上村艦隊が敵艦リューリクを打沈めし時、敵の溺死せんとする者六百余人を救ひ上げたるは極めて名高き美談なり」

この「博愛」的行動、武士道精神は工藤少佐に受け継がれ、三十八年後の太平洋上で再現されたのである。

敵国ロシア兵を救助し、手厚く看護した都濃村の人々

日露戦争で敵兵を救助したのは、軍人だけではなかった。

東郷平八郎司令官（一八四八～一九三四）が指揮する連合艦隊が、対馬《つしま》東方沖でロシアのバルチック艦隊を迎え撃った。この二日間続いた日本海海戦（明治三十八年〈一九〇五〉）で、日本側の損害はわずか水雷艇三隻。

対して、撃沈されたロシア軍艦は戦艦が六隻、巡洋艦四隻、海防艦一隻、駆逐艦四隻、仮装巡洋艦一隻、特務艦三隻で、捕獲されたのは戦艦が二、海防艦二、駆逐艦一、抑留されたのは病院船二。脱走中に沈んだものが巡洋艦一、駆逐艦一で他の六隻はマニラ湾や上海などの中立国の港に逃げ込み、武装解除された。わずかに遁走できたのは小巡洋艦一、駆逐艦二、輸送船一だけだった。

日本海軍のほぼパーフェクトな勝利について、英国海軍研究家H・W・ウィルソンは、

「なんと偉大な勝利であろう。自分は陸戦においても海戦においても歴史上このように完全な勝利というものをみたことがない」

と書いている。

これら撃沈されたロシアの特務艦の中に「イルティッシュ号」があった。この艦は、被弾して浸水、羅針盤も故障、そのうえ蒸気釜も爆発した。なんとかウラジオストク港まで逃げようとしたが、島根県那賀郡都濃村和木《なかぐんつのむらわき》（現在の江津《ごうつ》市和木町）の真島沖で航行不能となり沈没。ボートを降ろして上陸し、投降しようとした。ところが、折からの強風に煽《あお》られ、転覆するボートがあり、海に投げ出されるロシア兵もあった。

このとき、都濃村の村人たちは総出でロシア兵の救助にあたった。海上では強い風が荒れ狂い、大波がうねっていて、ロシア兵を乗せたボートはなかなか接岸できない。見かねた村人たちは素っ裸になって海中に飛び込み、ボートを引っ張って陸に着け、女たちも裾《すそ》をまくってロシア兵の手を取って助け出した。

イルティッシュ号の乗組員の中には、

「日本人は誰も彼も親切にしてくれ非常に有難い」と涙を流して感謝する者がいたという。

救出されたのは、船長以下乗組員二百六十五名。その中には重傷者十三名、軽傷者十五名が含まれていた。負傷者を含む八十三名は和本《わもと》小学校へ、残り全員は嘉久志《かくし》小学校に収容された。そして、村人たちは献身的に負傷兵の手当てや手厚い看護にあたり救出者すべての命を救った。

翌日、陸軍浜田連隊が、数十キロを徒歩で駆け抜けて到着。すべてのロシア兵を捕虜として収容し、無事全員帰国させることができた。

海戦の翌年から（戦争等による中断をはさみながらも）、和木の住民によって、「ロシア祭り」といつしか称されるようになった友好行事が自主的に開催されている。日露の民衆レベルでのユニークな交流活動が、今も継続的に行われているのである。

平成二十七年（二〇一五）、百十周年記念行事の際には、在大阪ロシア総領事館ラチーポフ総領事夫妻が参加した。ウラジオストクからも約二十名の少女たちが来町し、あでやかな民族衣装で軽快な踊りや歌を披露。日本側でも小学生、保育園児たちのアトラクションが次々行われ、日露友好の絆を深めたのであった。

ユダヤ人を救った〝命のビザ〟のバトンリレー

他国人と同様公正に取り扱うことを決めた「猶太人対策要綱」

パレスティナを現住地としていたユダヤ人は、紀元七〇年、ローマ軍のエルサレム占領後、完全に流浪の民となった。国を失った彼らは長い歴史の中で、他民族の土地に寄生するという生活を余儀なくされた。神ヤハウェを信仰し、律法によって規定される生活を送って団結を高め、民族の自滅を防いだ。しかし、一方で他民族との融和が妨《さまた》げられ、特異な集団と見られるようになった。

そして、中近東からヨーロッパにかけてユダヤ人に寛容であった民族は一つもないといわれるほどに、彼らは差別と迫害を絶えず受けてきた。第二次世界大戦時のナチスによる暴虐は、その過去から各地で連続してきた同質の差別・迫害の繰り返しの中の過激な一例として出現したといえるのである。

ヨーロッパがナチスドイツに席巻されるようになってくると、ユダヤ人たちの脱出ルートはほとんど閉ざされてしまう。その結果、彼らはアジアと米大陸方面に活路を見出さざるを得なくなる。アジアの候補地としては、満洲があった。

そして、満洲をめざすユダヤ人たちを救うべく活動していたのが、満洲で病院経営をしていた極東ハルビン・ユダヤ人協会幹部アブラハム・カウフマン（一八八五～一九七一）である。彼は昭和十二年（一九三七）十二月に、「第一回極東猶太《ユダヤ》民族大会」をハルビンで開催して準備を整えていた。

これに理解を示していたのが、陸軍少将（後、中将）樋口季一郎《ひぐちきいちろう》（一八八八～一九七〇）と陸軍大佐安江仙弘《のりひろ》（一八八八～一九五〇）であった。安江は樋口を補佐して三回に及ぶ大会に出席し、それを成功させている。すでに安江や関東軍参謀副長石原莞爾《かんじ》（一八八九～一九四九）は、満洲国へのユダヤ人入植を検討していた。そして、昭和十三年（一九三八）一月二十一日、関東軍司令部によって「現下に於ける猶太民族施策要領」が決められたのである。

これは、関東軍参謀長東条英機（一八八四～一九四八）中将（後、大将、首相）が決裁したものだった。

その中にはユダヤ民族が、

「正義公道を基として日満両国に依存するに於ては、之《これ》を八紘一宇《はっこういちう》の我大精神に抱擁統合するを理想とす」

と述べられていた。

「八紘一宇」とは、『日本書紀』にある「八紘《はちこう》を掩《おお》ひて宇《いえ》と為さむ」に由来する言葉である。「天下を覆って我が家とする」という意味だが、これをもとに日蓮宗の田中智学《ちがく》（一八六一～一九三九）が「八紘一宇」（『国柱新聞』大正二年三月三十一日）と表記したのが最初である。

以後昭和十五年（一九四〇）、第二次近衛文麿内閣のときに出された「基本国策要綱」において、

「皇国の国是《こくぜ》は八紘を一宇とする肇国《ちょうこく》の大精神に基き」

と記されたことで、八紘一宇が国是とされていったのである。

各国がユダヤ難民の受け入れを拒否する方針を示す中、日本政府もユダヤ問題は無視できないとしていた。そこで、昭和十三年（一九三八）四月に「回教《かいきょう》及猶太問題委員会」が設置された。委員会は十月三日に、ユダヤ難民の流入を原則的に禁止する訓令「猶太難民入国に関する件」を発する。

これに驚いた安江は、帰国中の石原の紹介により、陸軍大臣板垣征四郎《せいしろう》（一八八

五〜一九四八）と面談する。

安江は、自身のユダヤ対策についての信念を板垣に述べた。

「我が国は、八紘一宇を国是としておりユダヤ民族に対してもこれを例外とすべきではありません。彼らは世界中に行先がなく、保護を求めているのです。窮鳥《きゅうちょう》懐《ふところ》に入《い》れば猟師も殺さずといいます。況《いわん》や彼らは人間ではありませんか」

説得された板垣は、提案者として「五相会議（首相、陸相、海相、外相、蔵相）」を同年十二月六日に開く。そこで決定されたのが、「猶太人対策要綱」である。

この中で、

「独国と同様極端に排斥するが如き態度に出づるは、啻《ただ》に帝国の多年主張し来れる人種平等の精神に合致」しないので、「現在日、満、支に居住する猶太人に対しては他国人と同様公正に取扱ひ之を特別に排斥するが如き処置に出づることなし」「新に日、満、支に渡来する猶太人に対しては一般に外国人入国取締規則の範囲内に於て公正に処置す」

という方針を立てた。

このように日本は、ドイツのユダヤ排斥を容認していないのである。

帝国議会は、これを全面的に支持して可決。このような国家政策は、当時の国際情勢下では、異例ともいうべき措置である。

飢え凍えるユダヤ難民を救助した樋口季一郎

ポーランドを経由して脱出したユダヤ人難民は、満洲国をめざした。シベリア鉄道に乗り、終点オトポール駅に連日次々と到着し、数千人から二万人近くと伝えられる数にまで難民は膨れあがっていた。

彼らは正式なビザを所持していなかったので、満洲国に入れず立ち往生していたのである。宿泊所もなく野宿している難民たちは極寒の中、飢餓と寒気に凍え、危機的状況に直面していた。このままだと飢えと寒さで死ぬか、ドイツへ強制送還されるかという絶体絶命の淵に立たされていたことになる。

これを救済すべく、カウフマンはハルビン特務機関長だった樋口季一郎に支援を求めた。同機関は対ソ諜報の総元締めで、樋口は陸軍きってのロシア通だった。すぐさま樋口は上司の東条英機の同意を得て、満洲国外交部（外務省）と折衝した上で、難民の通過ビザの発行を要請。

さらに満鉄総裁松岡洋右《ようすけ》（後、外務大臣、一八八〇〜一九四六）に連絡し、救援列車の運行をとりつけた。そして、何本もの救援列車を満洲里《まんしゅうり》駅まで手配して、国境を歩いて渡ってきた難民を収容したのである。なお、その運賃は、松岡の指示で無料だったという。

松岡はいかにも傲慢《ごうまん》そうに見えたが、ヒトラーに追随《ついずい》するような人物では決してなかった。

あるとき、人からユダヤ人に対する考えを問われたとき、

「ユダヤ人に対しても八紘一宇の大精神で向かわなければならない。ドイツの尻馬に乗って日本がユダヤ排斥をやらねばならぬ理由がどこにありますか」

「自分はヒトラー総統と同盟条約を締結した責任者であるが、ヒトラーの反ユダヤ主義を日本で行うといったことはない。これは自分個人だけの意見ではなく、日本政府の意見でもある」

と松岡は答えている。

オトポール駅では十数人の凍死者を出したが、難民たちは列車に乗り、満洲に入国することができた。凍傷や病気になっていた者は病院へ運ばれ、衣類や温かいミルクなどが配給された。

救われたユダヤ人はハルビンや大連《だいれん》に収容され、そのうち多数は上海《シャンハイ》に移動してからアメリカに向かい、一部は満洲に残留した。もともと満洲は、ユダヤ人の

「安住の地」とされていた。約一万三千人のユダヤ人が住んでおり、教会や病院、銀行などを建てて平和に暮らしていたのである。

満洲にユダヤ人が増え始めたのは、ロシア政府が満洲を経済開発上利用しようと、国内にいたユダヤ人の移住を黙認したためである。一九一七年（大正六）ロシア革命勃発後、ロシア各地の内乱のため、逃避を余儀なくされたユダヤ人はさらに満洲に流入していったのだった。

樋口季一郎（陸軍中将、1942年）
（写真提供＝朝日新聞社／時事通信フォト）

後にこの樋口の対処に、ドイツのリッベントロップ外相から、日本政府に「日独友好を侵害した樋口の処罰を求める」という強硬な抗議が届く。東条は、樋口に事情を尋ねた。

樋口は臆することなく、決断の理由を述べる。

「ドイツの国策が、追放したユダヤ人を困窮させることが目的ならば、それは人道上の敵です。日本と満洲の両国が非人道的なドイツの国策に協力するならば、それは人倫の道にそむくものです。私は日本とドイツの友好は希望しますが、日本はドイツの属国ではなく、満洲もまた日本の属国ではないと信じています」

東条もこれを聞いて不問に付し、

「日本はドイツの属国ではない。難民を受け入れたのは、当然なる人道上の配慮によって行ったものだ」

として、ドイツの抗議を一蹴《いっしゅう》している。

樋口はその後、栄進を重ねていったから、このユダヤ難民受け入れは国策上非難されるものではなかったのだろう。こうして、樋口は我が国で最初のユダヤ人救出・保護の扉を開くことになったのである。

後日談だが、戦後、ソ連極東軍が樋口を戦犯として、ソ連に引き渡すよう連合国総司令部に要求したことがあった。終戦時、樺太や千島列島最北の占守島《しゅむしゅとう》でソ連軍と交戦した際、樋口が総司令官だったからだ。このときニューヨークに本部を置く世界ユダヤ協会は、大恩人の樋口を守るため米国務省を動かし、マッカーサーに樋口の引き渡しを拒否させたのだった。

職と命を懸けて発給した杉原千畝の〝命のビザ〟

一九三九年（昭和十四）、ソ連がポーランド東部を占領。ポーランドにいたユダヤ人はソ連の秘密警察に追われ、彼らは十二以上のヨーロッパ各都市にある日本領事館でビザを受けている。

カウナス（リトアニアの当時の首都）、ウィーン、プラハ、ストックホルム、モスクワなどが目立つが、その中でも特に、カウナス日本領事館で一九四〇年（昭和十五）七月下旬から九月一日にかけて領事代理杉原千畝《ちうね》（一九〇〇〜八六）が発給したものが最も多い。これが、後世〝命のビザ〟と呼ばれる査証である。

杉原が日本への通過ビザを作成しているとき、海軍大佐犬塚惟重《これしげ》（一八九〇〜一九六五）は外務省と交渉し、渡航してくるユダヤ人のビザが訓令に則《のっと》ったものでなくても、「黙認する」ということで決着していた。訓令とは、「行先の国の入国手続きが完了し、かつ旅費及び日本での滞在費を持っていなければビザを与えないように」という内容のものである。

着の身着のままで来ている難民たちが、「行先の国の入国手続きが完了し、かつ旅費及び日本での滞在費を持って」いるはずがなかった。だから、外務省はこれを超法規的に「黙認する」としたのだった。そのため、訓令に違反するビザ所持者も、ウラジオストクや敦賀《つるが》の関係係員は、それを黙認して入国させているのである。

難民から窮状を聞いて、彼らの危険を察知した杉原は、本国にビザ発給の許可を求めていた。だが、公式上「黙認する」ということまでは、伝えられていなかった。それゆえ杉原は、職を辞する覚悟で訓令破りのビザを発給するという意識を持たざるを得なかったのである。

しかし、結局それは黙認されたので、杉原が後に訓令違反を咎《とが》められ、処罰を受けるということは一切なかった。彼はプラハ領事館の総領事に栄進さえして、昭和十九年（一九四四）には勲五等瑞宝章《ずいほう》を拝受している。戦後間もなく杉原が退職したのは、外交権が停止された外務省で、大幅な職員のリストラがあったからである。

当時は、ドイツのゲシュタポが、バルト三国周辺にも徘徊《はいかい》していた。だから、反ナチ親ユダヤ的行動は、杉原のみならず家族にも危険が及ぶこともあり得た状況にあった。したがって、職だけでなく命をも懸けた仕事に杉原は向かっていたことになる。

杉原は、オランダのグッドウィル領事から、「オランダ領のキュラソー島ならビザなしで行ける」と教えられる。そこで、「キュラソー島行き」の日本通過ビザの発給を昼食抜きで、七月下旬から書き始めた。その総発行枚数は二千百三十九通、そのうちユダヤ系が千五百通といわれている。このビザで渡航したユダヤ難民たちの実数は、約六千人であったといわれている。

八月三日、リトアニアの共産政権はソ連への編入を求め、ソ連の一部となった。ユダヤ難民のビザ取得の動きを制しようとしたソ連政府からの勧告で、カウナス領事館は八月二十八日に閉鎖されてしまう。しかし、それ以後も、杉原はホテルでビザを書き続けていた。九月上旬の出国直前までなおやめず、発車する汽車から身を乗り出しても書き続け、ビザを手渡していた。

汽車が走り出すと杉原は、

「許してください。私にはもう書けない。みなさんのご無事を祈っています」

カウナス時代の杉原千畝

（写真提供＝NPO杉原千畝命のビザ）

とホームに立つユダヤ人に深々と頭を下げた。

誰かが叫んだ。

「バンザイ、ニッポン」

「スギハァラ、私たちはあなたを忘れません。もう一度あなたにお会いしますよ」

泣きながら走り列車を追い続けた人が、杉原の姿が見えなくなるまでそう何度も叫び続けていた。

難民の逃避行を支援した根井三郎・ビューロー職員・敦賀の人々・小辻節三

杉原らのビザを受け取ったユダヤ人たちの多くは、陸路、シベリア鉄道でユーラシア大陸を横断しウラジオストクに到着している。当時、世界各国はユダヤ難民の受け入れには消極的で、ソ連としてもヨーロッパからの脱出は歓迎しており、迅速に難民の通行を許可していた。

なお、ウラジオストク日本総領事館に勤めていた総領事代理根井《ねい》三郎（一九〇二〜九二）も、正規の書類を持たない難民に日本への通過ビザを発給し、日本への入国を手助けしていたことが判明している。杉原のような外交員は、やはり他にもいたのである。

ウラジオストクからユダヤ難民を乗せた船は、日本海を渡り福井県敦賀《つるが》へと向かうが、その間、彼らを支援した日本人がいた。それがジャパン・ツーリスト・ビューロー（現在のJTB）の職員たちであった。

ビューローは、昭和十五年（一九四〇）に全米ユダヤ人協会からの要請を受け、ウラジオストクから日本、そしてアメリカなどへの逃避行を支援する業務を行うようになっていた。ウラジオストクからは、定期船で敦賀港まで輸送し、ビューロー職員が添乗してユダヤ人たちの身辺の世話をした。

船内でユダヤ人協会から送られた保証金名簿と、それを手渡す本人照合作業を行う。混雑を極める船内で、どう発音していいか分からないユダヤ人の名前と名簿をチェックするのは至難の業であったという。

しかし、そんな厳しい業務の中でも、ビューロー職員と乗客の難民との間には、ささやかながら温かな交流もあった。職員の一人大迫辰彦《おおさこたつひこ》（一九一七〜二〇〇三）は、七人のユダヤ人（男性一人、女性六人）から顔写真を手渡されている。大迫は八十六歳で生涯を閉じたが、それらの写真を大切に一冊のアルバムに収め保管していた。

その中の一枚の裏側に「ソニア」と署名があり、ポーランド語で「私を思い出し

てください　素敵な日本人へ」とメッセージが記されている。後年、ソニアは「ソニア・リード」という女性であることが判明している。

その子ディボラ・リードは、母親が大迫に写真を渡したことについて、次のように語っている。

「ビューロー職員は、困難や荒波にも屈することなく、見事に使命を果たしました。私の母をはじめ多くのユダヤ人難民が大迫さんに写真をあげたのは、そんな彼らへの感謝の証明だったと思います」（YouTube「〝命のビザ〟を繋いだもうひとつの物語」ＪＴＢ公式 official）

敦賀港に上陸すると、今度は駐在職員が送金通知書を所持しているユダヤ難民に、送金額相当分の円貨を手渡した。合わせて約四千数百人の難民が上陸したが、敦賀の住民たちも彼らに優しく接している。船の中で出産した女性に、敦賀の医師や看護婦が丁寧な処置を施し、女性と子供の命を救ったという。

銭湯「朝日湯」が一般入浴営業を一日だけ休業して、難民に入浴料を無料で風呂を開放したり、ある少年がリンゴを無償で提供したりするなど、市民たちから温かく迎え入れられた。また厳重な警戒や規制を受けることなく、難民たちは自由に市内を行動することができたのである。

ユダヤ難民の多くは、神戸に向かった。神戸には、日本で唯一のユダヤ人コミュニティ（約五十世帯）があったからである。彼らはロシアから革命後、逃げてきた人たちだった。このコミュニティが文字通りひとつの救援委員会となり、難民の世話をしていたのである。

難民たちはアメリカやオーストラリア、中南米など、最終目的地に渡航するための資金や書類が不備だったので、かなりの期間神戸に滞在することを余儀なくされた。だが、杉原が発給したビザは、あくまでも通過ビザである。滞在日数は、多くても十日ほどであった。期限が過ぎれば、本国へ強制送還されることになる。

そんな彼らを救ったのが、小辻節三《こつじせつぞう》（一八九九〜一九七三）だった。ユダヤ学研究者である小辻は、神戸ユダヤ人協会から協力の要請を受けた。そこで彼は、日本政府との交渉の仲介役を引き受け、見事にビザの期限延長を実現させた。さらには、目的地に向かう船便の確保のために船会社と交渉するなど東奔西走した。そして、大東亜戦争開戦前には、ほとんどのユダヤ人が北米やパレスティナ、中南米諸国、オーストラリアなどへと船出することができたのである。

上海をユダヤの楽園にした犬塚惟重

神戸に滞在していたユダヤ人の中には、ビザなしで行ける上海に渡った者が約五千人いた。上海でも、ユダヤ人対策に奔走していた日本人がいる。それが先述した「黙認ビザ」の陰の立役者、犬塚惟重であった。上海には約三万人のユダヤ人がすでに滞在し、犬塚はユダヤ財閥の協力を得て、難民収容施設や学校、病院を建設して便宜をはかっていた。

かつて上海で暮らしていたというユダヤ人女性ヒルダ・ラバウが書いた詩の一節に、こんな言葉が盛られている。

その人たちは上海のナチが振るおうとしていた
おそろしい暴力から、わたしたちを守ってくれました
救助者がだれだったか、あばくのはかんたんなはず
いまではだれもが知っている、その正体は日本人
『憎しみ』ばかりが広まっていたとき　かれらはユダヤ人に親切だった
みなさん！　あの悲劇で六百万人が消えた道を　わたしたちは逃れたのです

ラバウは、このように日本人がユダヤ人のために安全な地を確保してくれたこと

に深い感謝の気持ちをあらわしている。そして、詩の最後に「上海は楽園でした」と書いているのである。

犬塚がユダヤ人から感謝されるのは、ポーランドにいたミール神学校のラビ（ユダヤ聖職者）と神学生三百五十名をカウナスから救出したことにある。先述したように犬塚は、上海のユダヤ人リーダーからの依頼を受け、日本外務省と交渉し訓令に反するようなビザでも「黙認する」ということをとりつけたのである。

ユダヤ人にとって、その精神と信仰を伝えるラビと神学生を守ることは、ユダヤの命脈を保持するために非常に重要なことであった。彼らは杉原が発給してくれたビザを受け取ることができ、神戸を経由して上海に行くことができたのである。

軍人・外交官・民間人の人種平等と博愛の精神

エルサレムの中心部に、楕円形をした三階建ての建物が建っている。その中に展示されているのが、『ゴールデン・ブック』である。それは、テオドール・ヘルツル（シオニズム運動の創始者、一八六〇～一九〇四）が、一九〇二年（明治三十五）に第五回世界シオニスト会議で提唱して生まれたものである。

ユダヤ民族に対する偉業を顕彰するため、名前が年代順に記載されている黄金の碑である。その中に、樋口季一郎、安江仙弘の名が記されている。それに加え、アメリカのユダヤ教指導者マービン・トケイヤーと日本ユダヤ教団は、樋口と安江の遺族に、顕彰銘板を贈っている。銘板には「いわゆるユダヤ人に対する大量虐殺が行われていた期間、ユダヤ人を救うために尽力された貴方の崇高な行為を顕彰します」と記されている。

犬塚にも同ブックへの記名の依頼が来たが、

「記名されるべきは陛下であられる。私は陛下の大御心を体して尽くしているだけである」

と述べて、それを断っている。

エルサレムのヤド・バセム（国立のホロコースト記念館）の「諸国民の中の正義の人」委員会は、杉原千畝を外国人に贈る最高の栄誉「正義の人」に認定し、一九八五年（昭和六十）に表彰した。その後も杉原はＡＤＬ財団ニューヨーク本部及びロスアンゼルスで「勇気ある人賞」を受賞し、ワシントンＤ.Ｃ.のホロコースト記念館には彼の写真が飾られている。リトアニア・カウナス市にも、杉原生誕百二十年とビザ発給八十年を記念して二〇二〇年（令和二）に、滞在してビザを書き続けた同市のホテル前に記念碑が建立されている。

「エルサレムで眠りたい」と遺言して亡くなった小辻節三については、イスラエルの宗教大臣をはじめ国の要人たちが空港に集まり、彼の遺体を出迎えた。そして、何百人もの人たちがその遺体を、エルサレムの墓地へ運び、埋葬した。この模様は、イスラエルのラジオニュースで報じられ、それを知った大勢のユダヤ人が墓地へと集まったのである。

二〇二二年（令和四）九月十二日には、ビューロー職員大迫辰雄氏の功績に対してイスラエルから感謝状が授与された。

こうして、軍人、外交官、民間人が人種平等の精神を等しく一貫して持ち、バトンリレーのように次々と博愛の手を差し伸べて繋ぎ、虐殺の魔の手から多数のユダヤ難民を救ったのだった。

ミャンマーへ、〝ジャパンハート〟からの恩返し

無償無給の国際医療に挑戦する吉岡秀人

僻地医療を志しミャンマーへ

吉岡秀人《ひでと》（一九六五〜）は、僻地《へきち》医療を志していた。大阪府内の総合病院を辞め、医療NGO「AMDA」（アジア医師連絡協議会）のミャンマー保健プロジェクトに参加していた。

ミャンマーは、アジアでもとりわけ医療事情が悪い国である。病院が少なく医療物資も不足しているから、一般の人は満足な医療が受けられていない。盲腸の摘出手術にも、農村部の人なら年収に近い金額が必要となるほどだ。

このような事情で大勢の人たちが病気を放置せざるを得ず、やけどの治療が受けられなかったために手足が不自由になるケースも多いという。

ミャンマーでは、世界の医療NGOはまだほとんど活動していない状態だった。AMDAは同国中部のメッティーラに拠点をつくり、ミャンマー政府から医療活動

に関する許可を受けて、草の根の医療活動を展開してきた。

メッティーラは、大東亜戦争時、日本軍、英印軍、ビルマ（現・ミャンマー）人ら多数の死傷者が出た激戦地になったところである。だから、今も街のあちこちには、さびついたままの戦車や大砲など戦争の爪痕《つめあと》が残されている。

戦時下、日本人を助けてくれたビルマの人々

昭和十六年（一九四一）十二月八日、大東亜戦争が開戦した。

このとき、タイの元首相ククリット・プラモート（一九一一～九五）は、「アジアの独立国を生んでくれた、日本というお母さんの決断に感謝しよう」と叫んだという。プラモート同様、アジア・アフリカの被抑圧植民地民は、日本の真珠湾攻撃成功の報に接し、植民地解放に期待を寄せ、奮い立ったのだった。

その後、日本海軍はイギリス極東艦隊旗艦プリンス・オブ・ウェールズとレパルスを瞬時に撃沈。一方、日本陸軍はマレー半島に上陸し、住民の歓呼と支援を受けて、イギリスの東洋拠点シンガポールを陥落させ占領した。そして、香港、フィリピン、インドネシアにも進撃し、白人守備軍を瞬く間に蹴散らした。

イギリスの植民地化であえいでいたビルマの人々も、進攻してきた日本軍を歓迎した。

ビルマは、十九世紀に三度にわたるイギリスとの戦争に敗れて、植民地になっていた。国王はイギリス軍に捕らえられ、王妃とともにインドの果てに島流しにされた。王女はイギリス植民地軍兵士の愛人にされ、貧困の中で死んだという悲史をかかえていた。

日本の支援によって編成されたビルマ独立義勇軍と日本軍が、首都ラングーンに進軍。ビルマ住民も味方・協力して、英印軍を撃破した。日本軍がビルマ全土を占領したとき、独立の機運が燃え上がり、昭和十八年（一九四三）に日本政府はビルマに独立を与えた。ビルマ独立の英雄として知られるアウンサン（一九一五〜四七）は、日本軍に指導、援助されていた愛国青年活動家の一人である。

ビルマに独立が与えられたとき、人々がいかに感動したか、バー・モウ（ビルマ初代首相、一八九三〜一九七七）は当時の民衆の興奮ぶりを、次のように伝えている。

「人々は集い、日本語で〝万歳〟を叫んで、日本に対する深い感謝を表す決議をした。同時に、喜びと感謝の気持ちを綴ったメッセージが東条首相と日本政府に送られた」（バー・モウ著／横堀洋訳『ビルマの夜明け』太陽出版）

その後、日本軍は英印軍のビルマ奪回拠点だったインパール攻略作戦（一九四四年三〜七月）を敢行。これに、日本陸軍は約九万五千人を投入した。だが、補給が途絶え、雨期のジャングルの中、兵士たちは飢えと傷病に倒れて六万人が戦死。全軍壊滅状態に陥り、敗走せざるを得なくなった。戦場は隣のコヒマにまで及び、山々、谷、街道にはおびただしい数の日本兵の遺体が横たわったといわれている。

インパールでの敗北が決定的になり、英印軍は日本軍を追ってビルマに入り激戦が繰り広げられた。こうした状況下で、現地農村部の人たちが孤立した日本軍兵士たちに水や食料を提供してくれた。

英印軍に見つかれば、自分たちが拷問を受けることを知りながら、飢えた日本兵を見殺しにしなかった。戦後も戦時賠償をいち早くまとめ、食料難にあえいでいた日本に優先的にコメを輸出してくれたのもビルマだったのである。

恩人たちの窮地を救おうとジャパンハートを立ち上げる

このビルマの戦闘で亡くなった旧日本兵の遺族たちが、AMDAを通じて「ぜひミャンマーで医療支援をしてほしい」と要請してきたのだった。そして、これに応じたのが吉岡だった。医師として四年間の経験を積み、三十歳になったときのことだった。

吉岡は、現地では無料で医療を行う傍ら、ミャンマーを訪れる旧日本兵の戦没者慰霊団と出会い、一緒に各地を巡った。そして、戦時中の話や、戦後援助の話をたびたび聞いた。

〈そんな彼らに、日本人として「恩返し」をしたい。そして、あの戦争で亡くなった日本人たちやミャンマー人たちのために何かしたい。それが、子孫である私たちの使命でもある〉

吉岡は、心からそう思い始めていた。

二年間のＡＭＤＡによる医療支援活動を終え、その後六年間、日本の病院で働きながら、常に理想の国際医療協力を頭に描いていた。

〈恩返しのために、これまでより一層ミャンマーの人たちに密着した医療支援活動をしよう。日本の将来を担う若い人たちとともに〉

そう決意して、すべての財産と寄付金を投じ、平成十六年（二〇〇四）に新たなＮＧＯ「国際医療奉仕団 ジャパンハート」を立ち上げた。「『和の心』を世界に示そう。日本人としての誇りをもって現地の人たちのために働こう」という思いを込めて、「ジャパンハート」と名づけた。そして、自費で超音波診断装置や電気メスなどの医療器具を購入。資金が続くめどはない。あるのは技術と熱意だけだった。でも、ミャンマーでは現地の素朴な人たちとの触れ合いや医療活動を通じ、日本で知ることのできない医療の原点を見つけることができる。それに、日本人として、恩人たちの窮地を無視することはできない。吉岡を含め同じ志をもつ日本人六人と、現地スタッフ数人での船出となった。

国際医療ボランティアを決断した原点

吉岡は、少年時代ぜんそくもちで病弱な子供だった。

十四、五歳の多感な時期に、飢餓にさらされたアフリカの子供たちの姿を伝える雑誌やテレビを見て、大きなショックを受けた。

〈この子供たちと自分はいったい何が違うのだろう？〉

わが身を振り返り、反省し、感謝した。その感謝の心が、世の中のために何かしなければならない、という漠然とした思いに変わっていった。

大学は、国立大学の教育学部を受験した。高校時代は友達や女の子と遊ぶのが生きがいで、卒業すら危ぶまれるような成績だったから当然不合格。受験予備校にも五回試験を受けてようやく入れるくらいの学力しかなかった。

あくまで教育学部を志望していたが、ある日、「オレ、医学部にいかなきゃ」と遠い昔の忘れ物を思い出したようにひらめいた。人のために医者になり、自分を生かしたい。それが使命のような気がした。けれど、当時吉岡の偏差値は全科目三十台。友達からは「お前なんかに無理だ」といわれ、母親からは気がおかしくなった、と本気で心配された。

自分でも、医学部合格など到底不可能だと十分わかっていた。「医学部」という言葉を何度も頭の中から振り払おうとした。それなのに、確信は深まるばかりだった。

〈不幸な境遇の人たちのために何かしたい。そのために、医者になりたい〉

かつて衝撃を受けたアフリカの子供たちの姿への気持ちを強く噛みしめ、医者になり彼らの役に立ちたいという思いは本物になった。損得勘定など微塵《みじん》もなかった。

二年目の浪人生活でも、成績は低空飛行を続ける。このまま自分はどうなっていくのか、不安から夜も眠れぬ日々が続いた。

そんなとき、吉岡は天に語りかけた。

「どうか私を医者にしてほしい。生涯恵まれない人のために働くから……」

願いが通じたのか、成績が急に上がり始め、医学部の試験に合格した。こんな男にも、神仏は情けをかけてくれたのかと思った。

そして、この世のすべてのものに感謝しようと努めることにした。

「私は今、あのときの約束を果たすために働いているつもりでもある」

と、吉岡はいう。

神仏との約束。これが無償無給の国際医療ボランティアを決断した原点なのだろう。

〝生まれてきてよかった〟をめざし、ジャパンハートの活動は今も続く

吉岡は活動の拠点をメッティーラから一五〇キロメートル東、イラワジ川のほとりにあるワッチェという小さな村に移した。どうしても貧しい人たちに、医療を届けたいと考えたからだ。

患者は、次から次へと押し寄せるようになった。病院はまるで戦場だ。朝八時から夜中の十二時過ぎまで手術の連続。一日十件の手術が当たり前の日が続く。それが終わるとスタッフとのミーティングがあり、夕食をとるのは深夜一時過ぎ。翌日の手術の準備もしなければならないので、床に就くのは、午前三時頃になる。

「こんなに働いているNGOをほかに知らない」

と、多くの援助団体と関わる吉岡の友人がいっていたという。

しかも、手術環境は劣悪だ。ミャンマーは電力事情が極端に悪く、肝心なときに電気が途絶えてしまうことが何度もあった。血が噴いている。突然目の前がまっ暗になる。スタッフたちに照らしてもらう懐中電灯の明かりを集めて、湿度の高い部屋の中で、汗を拭き拭き綱渡りのような手術を行わなければならないのである。

吉岡は、小さな子供の手術のときは自分の次男、少し大きな子供のときは長男というようにイメージを重ね、必死になって治療をしようと心がけている。患者や親の悲しむ顔は見たくない。何とかならないか、と必死で考える。そうしたら、助かるかもしれない。それしか医者のやることはない、と吉岡は諦念している。

ある日、顔に奇形のある二歳の女の子がやってきた。生まれつき眉間の骨がなく、隙間から脳がはみ出る「脳瘤《のうりゅう》」という病気である。このまま放置すれば、死亡する確率は極めて高い。治療には、脳外科と形成外科の技術が求められ、時間のかかる難しい手術が必要である。しかも、日本のような手術機器がない環境で、行わなければならないのである。

本来なら頭蓋骨を開いて行うが、それはできない。全身麻酔も使えないので、睡眠薬で眠らせ、局所麻酔で痛みを防ぐ。そして、はみ出した脳を切除しないで中へ押し込み、穴をふさぐという方法を吉岡は考えた。

鼻の上にメスを走らせ、探りあてた脳を慎重に押し込んでいく。と、そのとき、照明が消えた。

「あっ、停電や」

手許《てもと》が真っ暗になり、何も見えない。今回が、現地での初めての脳瘤の手術である。一刻の時間の猶予も許されない。

「はよせぇ、時間ないんやぞ！」

すぐさま懐中電灯の光があてられ、手術が続行される。額から汗が流れる。耳から切り取った軟骨で、眉間《みけん》に空いている穴をふさいでいく。骨と皮膚の間にある結合組織と軟骨を縫い合わせていく。最後のひと針。しっかりと皮膚をとめた。

「よっしゃ」

手術は、無事終了した。

女の子の経過はよく、やがて退院していった。吉岡は、その後も脳瘤の子供を何人も手術して治すことができた。

苦しむ子供の痛みが消えるとき、病に苦しんでいた子供が癒され、母親がそっとその子供を自分の懐に抱くとき……、その瞬間、瞬間に吉岡は人生の真の美しい光景を見ているのである。

「助けているのではなく、助けさせてもらっている。自分のためにも助けさせてもらっている」

と、吉岡は「感謝」の心をこめて謙虚にいう。

吉岡は現地で医療を続けていく中で、毎日の小さなことに幸せを感じることが多くなっていった。

自分の幸せは、まわりの幸せの中にある。どこの国の人でも、どんな貧しい人でも、生まれてきてよかったと思ってもらいたい。そんな社会をめざしてジャパンハートの恩返しは、今日も活動を続けているのである。

ベトナムの〝あかひげ先生〟

無償医療で光をよみがえらせた服部匡志

がむしゃらな情熱が決めたベトナム行き

「八二号室のあのクランケ（患者）は、文句ばかりいって本当にうるさいやつだ。どうせもうすぐ死ぬのに……」

服部匡志《まさし》（一九六四〜）がある日、病院のナースステーションの横を通り過ぎたときだった。医師と看護師が話していた会話が聞こえてきた。一瞬、耳を疑った。八二号室のクランケとは、匡志の父親のことだ。医師は患者の命を救う神様のように思っていただけにショックだった。

父を侮辱した医師に激しい怒りを感じ、いいようのない悲しみに襲われた。こんな医者がいては、世の中がよくならない。だったら僕が医者になって、病気で苦しむ人々を救いたい。十六歳の匡志は、そう志した。

匡志の父は、末期の胃がんだった。医師から余命三カ月と宣告され、胃の全摘手術を行ったが亡くなった。苦しんで弱っていく父に、何もしてやれなかったことが辛かった。

「お母ちゃんを大切にしろ。人に負けるな。努力しろ。人のために生きろ」

父の遺書に、そう書かれていた。

二十年後——。

服部匡志は、「神の手をもつスーパードクター」と呼ばれる眼科医になっていた。

匡志の専門は、網膜硝子体《もうまくしょうしたい》である。眼の中では、最も手術が難しい重要な部位である。この網膜が映像を感知しなくなると、光を失い、見えなくなってしまう。

平成十三年（二〇〇一）十月、京都で開かれた日本臨床眼科学会に出席したときのことである。

あるベトナム人医師が匡志に声をかけてきた。

「助けてください、先生。ベトナムでは、網膜硝子体の治療技術が遅れています。あなたの、この手が必要なんです！」

それを聞き、匡志は心を大きく揺さぶられた。浪人生時代にマザー・テレサ（一九一〇〜九七）のドキュメント写真集に衝撃を受け、いつの日か彼女に近づきたい、国際貢献をしたいと思っていたからだ。今まで培ってきた技術を活かせば、多くの人たちが救えるかもしれない……。

ベトナムで活動するには、今、勤務している病院から一週間なり二週間なり休暇をもらわなければならない。

院長に相談すると、

「そんなに行きたいなら、病院を辞めて行け」

といわれた。

ベトナム行きの匡志の思いは強かった。自分がどうしたいか、それだけだ。がむしゃらな情熱だけで、病院を辞めてベトナム行きを決めた。

翌年四月には、もうベトナムに向けて飛び立っていた。向こうで決まっているのは、当面生活するために借りた部屋とハノイ国立眼科病院で働く、ということだけだった。機内で静かに目を閉じると、父親の声が聞こえてきた。

「人の役に立つ仕事をしろ」

現地スタッフとの葛藤、そしてかけがえのない仲間に

ベトナムの首都ハノイに、匡志は降り立った。ハノイは、中国系や南方系など民

族が入り乱れる人種のるつぼである。南国の熱気と溢れかえるオートバイ。ハノイの朝は早く、六時には人々が働き始め、街中にエネルギーがみなぎっていた。

ハノイ国立眼科病院は首都で最大の眼科専門病院だが、ベトナムでは眼科医が少なく、貧しい人たちの多くが失明していた。病院は、患者たちで溢れかえっていた。地方から家族付き添いで来て、寝泊まりしている人たちもいた。

午前中で、五十人の患者を診察する毎日が続いた。想像以上に重症の患者が多かった。金銭的な余裕がなく、ぎりぎりまで我慢して、症状が悪化してからようやく病院にやってくるからだ。

病院の手術道具は、時代遅れで手入れが行き届いておらず、欠陥品が多かった。顕微鏡は曇っていてまともに見えないし、コンタクトレンズは傷だらけというありさま……。手術はコンマ何ミクロンの勝負だから、顕微鏡の精度が肝心だ。だから、助かるはずの人も助けられない、ということがしばしばあった。

当初、スタッフは、働く意欲が乏しかった。時間通りに来ないので、手術の開始が遅れる。働いても働かなくても給料は同じ。だったら、今まで通りでいいじゃないか、という考え方だった。

手術が必要な人のリストは、どんどん膨れ上がるが、誰一人として急ごうとしない。手術の時間は、夕方四時までと決まっていた。どんなに患者がいようと終わらなければならない。それが、病院の決まりだった。ああしろ、こうしろ、という匡志に対する不満は高まり反抗へと変わった。診察と手術が思うようにできず、匡志は焦り、苛立ち、不満が募る一方だった。

しかし、……次第によく考えてみると、スタッフたちは怠《なま》けているわけでもなく、悪気があってそうしているわけでもないことが分かった。これは彼らの習慣なのだ、彼らのやり方・考え方があるのだ、と捉えられるようになった。思い通りに人を動かそうとするのは難しい。ならば自分を変えればいい。

それから、匡志は指示する前に自分から動いた。手術機器のセッティング、患者の誘導、後片付け、掃除も、根気のいる作業を率先してやった。こうすれば、よりよい結果が得られるという手本を見せていった。

「患者さんも家族と思ってほしい。患者さんが自分の娘だったら、親だったら、治療しないわけにはおられんはずだ。違うか？」

何度も、スタッフにそういい聞かせた。ベトナム人は、家族を大切にする国民である。それにベトナムでは、まず褒《ほ》めなければならない。そして、感謝の気持ちを忘れないことだった。

「いいですね、頑張ってください」

「上手ですね」

ベトナム語を覚えて、声をかけていった。すると、あれほど頑固だったスタッフたちの意識が少しずつ変わっていったのである。

これが、

「人の心に灯をともす」

ということか、と匡志は思った。

今では匡志とともに無償活動に加わり、

「今まで経験してきたこととは全く違う。人生が変わった」

という人も出てきた。

週末の休みを返上して地方に出張医療に行くときの下準備や、予定日を超えての手術にも協力してくれるようになった。匡志の活動に賛同する現地医師やスタッフの輪が、どんどん広がっているのである。

忘れられない少年の手術の思い出

匡志にとって、忘れられない少年がいた。八、九歳くらいの細身の男の子だった。父親に付き添われて、病院にやって来た。すでに片眼は失明していて、もう片方の眼は、今手術すれば何とか助けられるかもしれないと匡志は診断した。

早速手術の予定時間を決めて、いざ手術をしようとしたら少年がいない。スタッフに聞けば、「以前手術した医師から、治る見込みがないから帰せ」といわれたということだった。釈然としなかった。

それから一ヵ月がたち、少年は父親と再び来院した。

「なんとか助けてください。このままでは、この子の眼は、どんどん悪くなるばかりです」

と、父親は涙ながらに哀願した。

匡志は、病院幹部に説明した。

「少年の眼は、ひどい状態です。何もしなければ、彼から永遠に光が失われます。なんとか私に、手術をさせてください。父親は、助けたい思いで必死です。私には、その気持ちを見捨てることはできません」

こう説得して、なんとか手術にこぎつけた。少年の眼は、予想以上に悪化していた。網膜が、固く縮んでしまっていた。そのため、特殊な液体を眼に注入して、網膜を膨らませていく。液体には毒性があるかもしれないので、手術の終了間際に通常抜き取ることになっている。

だが、少年の場合、液体を抜くとすぐに網膜がまた縮んでしまう。正しい方法ではなかったかもしれないが、匡志はやむにやまれず液体を入れたまま手術を終え、経過を見てから、それを抜き取ることにした。

数日後、液体を抜いても網膜は膨らんだままの状態を保っていた。少年の眼は、見えるようになっていた。父親の顔にも笑顔が戻っていた。この手術の成功で、匡志の苦労・苦心の疲れが一気に吹き飛んだ。はにかんで見せた少年の笑顔が、自分を救ってくれたと匡志は思った。

ところが、この手術に病院内のある一派が、猛然と匡志を非難した。

「あなたは人体実験をしている。あの子を練習台にしているだけだ。あの液体を体内に残したのは問題だ」

「もう彼に手術させないでもらいたい！」

この四面楚歌《しめんそか》のなか、網膜部門の部長と院長だけは、匡志をかばってくれた。

「確かに自分の手術の練習だけして、帰国してしまう外国人医師はいる。しかし、彼みたいな人がいたか？　彼はここでの報酬を、一度も受け取っていない。人体実験などする人間ではない」

この後も、匡志を非難する医師たちの声は収まらなかったが、この手術の成功で、匡志の技術や考え方を多くの人が認めてくれるようになった。

なお、ここで用いた匡志の手術法は現在、難治性の増殖性網膜剥離《はくり》などの治療に世界的に用いられる技術になっている。

眼科医への道――名医を育てた苦難の経験

匡志はベトナムに来てから、手術費用を肩代わりして、すべて無償で行ってきた。資金は、日本に帰国してはフリーの眼科医として、北から南まで全国の病院を駆け回り、アルバイトして貯めたものである。時には自分の車を売って、手術に必要な内視鏡を購入したこともあった。まるまる一日自宅にいるのは、年に一日か二日ほどである。

ベトナムでは、一パーセントの可能性でも治せる見込みがあれば、全力で手術した。これを二十年続け、毎年一千人以上、累計二万人以上の患者の白内障・網膜硝子体手術などを行い、約一万五千人を失明から救った。

その功績が認められ、令和四年（二〇二二）にアジアのノーベル賞といわれるラモン・マグサイサイ賞を受賞した。かつてダライ・ラマ十四世（一九三五〜）やマザー・テレサなどが受けた賞である。

無償の仕事にしようとしたのは、弱い立場にいる人を助けたいと思ったからである。小学生のとき、匡志は〝いじめられっ子〟だった。担任も、グルになって匡志をいじめた。

学校を休んだとき、

「服部君が学校に来ないと、何も問題が起きなくて平和でいいですわ」

と母親にいったという。

悲しむ母を見て切なく悔《くや》しく、いい知れぬ憤りを感じた。こんな経験から、いじめがどんなにつらいか、匡志には痛いほどその気持ちが分かった。そして、それだけに弱者に向ける思いは熱かった。

匡志は、医学部受験に三度失敗している。四浪して、やっと勝ち取った合格だった。

「医学部を受験する」

と宣言したときは、母は呆気《あっけ》にとられ、担任には笑われたほどの学力からの挑戦だった。

しかし、それを励まし、後押ししてくれたのが、亡くなった父の声だった。

「世の中の役に立つ生き方をしろ。人のためになることをしろ」

何度も挫折し、自分を見失い、あきらめかけた。放り出したらどんなに楽か、そんなふうに思い詰めたこともあった。そうして、なぜ医者になりたいのか？　自問した。そのたびに思い出されたのが、この父親の言葉だった。

四年間の浪人経験のお陰で、匡志は一度や二度の失敗は恐れなくなった。簡単にあきらめない匡志の性格は、この経験の日々のなかで培われたものだったのである。

匡志は、最初からスーパードクターになれたわけではない。むしろ細かい手術をする眼科医は、自分には向かないと思っていた。しかし、恩師に導かれて眼科医になった。駆け出しのころは、メインの執刀医になってもすぐ交代させられたこともあった。

だから、手術のたびにノートに記録し、何度も読み返してうまくいかなかったことは、イメージトレーニングを繰り返した。「左手がだめだ」と指摘されたときは、毎食、左手で箸《はし》を持ち食事して訓練を続けた。こうした見えないところでの努力の積み重ねで、匡志は名医になっていったのである。

かつて匡志は、あるアメリカ人の知人にこういわれたことがある。

「君のような技術があれば、アメリカでは億万長者なれるだろう」

しかし、

「それでは僕の医師としての人生は続かない。やはり、心が燃えない」

と匡志はいう。

匡志の心に火をつけたのは、ベトナムで直面した現実であった。ベトナムの医療現場は、お金では得られない生きがいを自分に教えてくれたと匡志は思っている。

「患者さんからの『ありがとう』の言葉もいらないとさえ思う。眼が見えるようになった時のあの笑顔を隣でそっと見るだけで十分だ」

「自分一人の幸せは虚しい。損得勘定からは、本当のよろこびは生まれてこない。助ける人と助けられる人が、お互いによろこびを共有できることこそ、人間としての純粋なよろこびなのだと思う」

匡志は、今もベトナム各地を回り失明の危機にある患者を救うとともに、現地の若い医師に手術の技術を教えることに尽力している。そして、さらにその活動範囲を周辺のタイ、ラオス、インドネシア、ミャンマーなどに広げているのである。

第三章

異国の人々の繁栄と幸せを願って

トルコを親日国家にした男

武士道と日本文化をトルコに伝えた山田寅次郎

トルコ軍艦エルトゥールル号の遭難

十三世紀に成立したオスマン帝国（オスマン・トルコ）は、十六世紀中葉に最盛期を迎えたが、早くもその末から衰退へ向かっていった。その結果、十八世紀中ごろから近代化を模索する時代に入り、アブデュルハミト二世（一八四二〜一九一八）の治世に至って、明治維新で近代化を成功させている日本に深い関心が寄せられるようになった。

そして、ついに明治二十二年（一八八九）、小松宮彰仁親王《こまつのみやあきひと》（一八四六〜一九〇三）のトルコ訪問に対する返礼と国交を求めるため、軍艦エルトゥールル号（排水量二三四四トン）が日本に派遣されることになったのである。

乗っていたのは、六百五十六人もの大使節団。七月十四日にトルコ・イスタンブールを出発。スエズ運河を抜けて、シンガポール、香港など十一都市を経由し、およそ十一カ月の長い航海を経て、翌二十三年（一八九〇）六月七日、最終目的地の横浜港に到着した。

横浜港では歓迎の礼砲がとどろき、天にまで達するほどの人々の万歳三唱の声が響き渡った。港に来ていた山田寅次郎（一八六六〜一九五七）は、驚きながら時間が経つのも忘れ、好奇な目でこれまで見たこともない船体を見つめていた。小さな頃からまだ見ぬ世界に強いあこがれを抱いていた寅次郎は、心をかきたてられていた。

ところが、それから程なくして寅次郎を仰天させる事件が起こる。あの横浜港で見たエルトゥールル号が沈没したのだった。

トルコ使節団は日本との国交樹立の意向を伝え、帰途に就いたが、そのさなかの九月十六日、和歌山県大島村（現・串本町）の樫野崎《かしのざき》沖で台風に遭遇した。木造の老朽艦だったため、岩礁に激突して大破。乗組員たちは、台風で荒れ狂う荒波に投げ出されてしまった。なんとか岸にたどり着いた生存者が断崖をよじのぼり、その上にある樫野崎灯台の灯台守に救いを求めた。

この大惨事の知らせを受けた近くに暮らす大島村民たちは、夜半過ぎから総出で救助と捜索にあたった。海には、木っ端《こっぱ》微塵になった船の残骸。そして、おびただしい数の死体。この世のものとは思えない、地獄の光景が広がっていた。

小舟を沖まで出し、ある者は海に飛び込み、船員たちの救助にあたった。自らの危険をも顧《かえり》みず、村人たちはどこの国の人かも分からないまま、ただ目の前の命を救いたい一心で救助活動を続けた。

救助したトルコ人を三、四人がかりで背負ったり、前で手を引っ張ったりして約四〇メートルの断崖をよじのぼり村に運んだ。島をあげて不眠不休で生存者の救護にあたり、遺体の捜索を行った。

寒さで呻《うめ》き震える者には、自分の体熱で温めてやった者もいた。ちょうどその年は、不漁と穀物の不作が重なり村の食料事情は悪化していたが、それでも村人たちはその乏しい食料と着物を与え看護した。全員が死亡してもおかしくなかった状況の中、これにより六十九人もの命が救われたのだった。

別れのとき、村人たちはまた総出で彼らを見送った。命の恩人となった村人たちに、トルコ人たちは涙を浮かべ感謝した。彼らはドイツ軍艦で神戸に送られ、そこで治療を受けた後、明治天皇が派遣された軍艦比叡《ひえい》と金剛《こんごう》に乗せられ、明治二十四年（一八九一）一月二日祖国トルコに無事帰還した。

遭難翌年二月に、和歌山県によって慰霊塔「土国軍艦遭難之碑」が、殉難将士の遺体が埋葬された樫野地区に建立された。以来、大島村では、五年ごとに慰霊祭が行われ、地元の小学生が犠牲者の墓地の清掃作業を続けていった。これは第二次世界大戦中、トルコと敵対関係にあった時期にも継続して行われたのである。

義捐金を携え単身トルコへ

このエルトゥールル号沈没事故を、別の視点でとらえていた人物がいた。それが、当時二十四歳の山田寅次郎だった。

それは、事故から二日後のこと……。寅次郎は、日本人として何ができるか、と思案していた。そして、考えたのが、遭難者たちの遺族のことだった。

〈はるばるトルコからやってきて遭難し、本国への報告も終えられずに亡くなったとは、痛ましい。あまりに気の毒だ。遺族たちは、今後どうやって生きていくんだろうか。遺族を何とかして慰められないものか……。そうだ、義捐金《ぎえんきん》だ。彼らのために義捐金を集めよう〉

そこで、かねてから親交のあった陸羯南《くがかつなん》（一八五七〜一九〇七）や福本日南《にちなん》（一八五七〜一九二一）ら、当時の代表的ジャーナリストたちに寅次郎は訴えた。

「トルコの人たちは、日本との修好を求めて西の果てからやって来ました。だが、不幸にも海の藻屑《もくず》となってしまった遭難者たちが、かわいそうでなりません。あなたにも家族はいるでしょう。家族を失った悲しみは、どれほどのものか！　残された家族を慰めるため何かしたいんです」

寅次郎の熱意は、陸らを動かした。義捐金を募るために、寅次郎が主催する演説会・演劇会の告知・広告などを新聞に載せることに、惜しむことなく協力してくれた。すると、多くの人々からの寄付が集まり、まとまった額の義捐金ができた。まだ世の中が貧しかった時代にもかかわらず、その総額は約五千円（現在の価格にして約一億円）に達した。

この義捐金を手にした寅次郎は、青木周蔵（一八四四〜一九一四）外務大臣を訪問。トルコ政府への送金を依頼したところ、寅次郎の情熱に打たれた青木はいった。

「これは君の義心から出たのだから、君自らこれを携えてトルコへ行ったらどうだろう」

寅次郎は、この青木の言葉に強く動かされ、義捐金を届けるため一民間人ながら自ら海を渡ることにしたのである。そして、一カ月にも及ぶ長い航海を経て、明治二十五年（一八九二）四月四日、トルコに到着した。このとき寅次郎は二十六歳であった。

寅次郎は、早速にトルコの外務大臣邸で、饗宴を受け歓待された。翌日には、外務省に足を運び、海軍省に設けられていた「エルトゥールル号遭難救援会」宛に義捐金を送る手続きができた。これで、寅次郎の訪問目的は達成されたが、数日後に皇帝アブデュルハミト二世に拝謁することになる。

宮殿で多数の高位高官が左右に侍立《じりつ》する中、皇帝に謁見。山田家に伝来する家宝の兜《かぶと》と甲冑《かっちゅう》、太刀、陣太鼓を献上し、皇帝からメジディエ四等勲章を授けられた。

皇帝は、寅次郎にこんな言葉をかけてきた。

「トラジロー、ありがとう。日本人のやさしさには、本当に頭が下がる。なぜ日本人は、知らない人間にも優しい心を持つことができるのか？」

「それは私の心の中にある武士道でございます」

寅次郎がトルコ人のために働いた心のよりどころは、武士道だと答えたのである。寅次郎は武家の家系に生まれ、陸軍獣医だった父・中村雄左衛門（後に莞爾《かんじ》と改名）に、幼い頃から厳しくそれをたたき込まれた。

「弱き者を守る」武士道の精神が、寅次郎を突き動かしていたのである。なお、寅次郎が山田姓を名のっているのは、十五歳のときに茶道の家元である山田家の養子になったからである。

「ブシドウ……。日本にはそんな素晴らしい精神があるのか……」

日本の武士道の精神に感銘を受けた皇帝は、寅次郎にこんな依頼をした。

「どうか、このままトルコにとどまってくれないか。その日本の精神や文化、日本語をトルコの青年将校に教えてくれないか？」

予想もしていなかった皇帝のひと言に、寅次郎はその思いを受け止め、トルコにそのままとどまることを決意した。

日土友情の架け橋となった寅次郎

その後、実に十四年間にわたり、日本の武士道精神や文化、日本語をトルコ陸海軍青年将校たちに教え続けたのである。その間に起こった日露戦争（一九〇四～〇五）の勝利は、武士道に対するトルコの尊敬心をいやが上にも高めた。トルコで「ノギ」や「トーゴー」が、子供の名前につけられることが流行ったのは、この時期のことである。

寅次郎の教え子だったムスタファ・ケマル・アタチュルク初代大統領（一八八一～一九三八）は、「我々は、すべて日本を見本にしていく」と語っていたというが、これは寅次郎や日露戦争の影響の大きさを物語るものといえよう。

寅次郎はイスタンブール滞在中、日本の美術工芸品や製品を販売する事業を展開した。その一方で、日本から訪れた要人たちとトルコ政府がコンタクトをとる際には、熱心に仲介したり、通訳したりする民間外交官として両国間の架け橋になった。

ハリッジ大学（イスタンブール）のエロール・ミュタージムラル教授はいう。

「寅次郎は、トルコと日本の関係史で最も重要な人物です。彼が二つの国を結びつけました。そして、寅次郎は我々に助け合うことの大切さを教えてくれました」

山田寅次郎。コンスタンチノープル（現・イスタンブール）にて

（写真提供＝一般社団法人山田家）

ミュタージムラル教授は、講義では欠かさず寅次郎の話を取り上げるそうだ。寅次郎の思いは、現在のトルコにも受け継がれているのである。

寅次郎の伝えた日本の武士道と真心は、それから九十五年後に奇跡を生むことになる。それが、一九八五年（昭和六十）のイラン・

イラク戦争中に行われた日本人救出劇だった。このとき、イランに取り残された日本人は二百十五人。

日本政府は、安全が確保できないと、救援機を飛ばしてくれない。イラクの予告したイラン無差別攻撃のタイムリミットまでわずか一時間。そのときに、救援機をイランに派遣し、日本人全員を救出してくれたのがトルコだったのである（本書後編第二章六節参照）。

寅次郎とエルトゥールル号のつながりを象徴的に見られる景色が、イスタンブール市内にある。それが、ネザハット・ギョクイート植物園である。園内にはその犠牲者を追悼する「エルトゥールル島」がある。島には、NPO日本桜交流会が贈った犠牲者と同数（五百八十七本）の桜木が植えられている。

そして、その横に「山田寅次郎広場」がある。これを名づけたのは、庭園をつくったアリ・ゴキイットである。彼は、「人々を幸せにすることが自分にとっての幸せです。その私の哲学をまさに実践していたのが寅次郎でした」と語る。

広場はローマ時代の劇場を思わせるようなつくりになっており、ここで年に一回開かれる事故犠牲者慰霊祭に、トルコや日本の関係者約三百人が集う。両国の友情は、広場にある寅次郎の名を刻した石碑とともに永くここにとどめられるだろう。

カンボジアの友と誓ったアンコールワット修復への夢

カンボジア人によるカンボジアのための遺跡保存をめざした石澤良昭の闘い

一生をかけてアンコールワットの謎を解明しよう

カンボジアの世界遺産、アンコールワット。神々が祀られる世界最大級の石造寺院である。

一八六〇年（万延元）に、フランス人博物学者アンリ・ムーオ（一八二六〜六一）が再発見するまで密林に埋もれ、忘れ去られていた遺跡である。十二世紀初めにクメール王朝のスールヤヴァルマン二世（?〜一一五二頃）によって、ヒンドゥー教寺院として建立され、現在は後世に持ち込まれた仏像が祀られている。

カンボジアが、植民地としてフランス統治下にあった一九〇八年（明治四十一）、この遺跡の世界的価値に注目し、フランス極東学院（一八九八年設立）が遺跡群の保存・修復を始めた。築造から八百年とも千年ともいわれる長い年月の経過と、熱帯の密林に放置されていたため、崩壊の危機に瀕していたからである。

そんな保存・修復が行われていたカンボジアに、昭和三十六年（一九六一）、一人の日本人青年がやってきた。青年の名は、石澤良昭《よしあき》（一九三七〜）。当時二十二歳の学生だった石澤は、卒業を控え、何の道に進むか迷い続けていた。そんなある日、彼はアンコールワットを訪ねたのである。

空に向かってそびえ立つ中央祠堂《しどう》の前で、

〈こんなすごい建物が、どうしてここにあるのか〉

とその威容に圧倒された。

背筋がぞくぞくした。石の柱や壁に細かく彫られたレリーフが夕日に照らされ、その姿に魂が吸い込まれそうな気持ちになったからである。今までに、経験したことがない大衝動が石澤を襲った。

心を奪われた石澤の目に、補修作業を行う人々の姿が映った。石澤は頼み込んで、作業に加えてもらった。そのとき声をかけてきたのが、現場監督をしていた遺跡保存官のブオンだった。

「アンコールワットはオレが守る」

とひたむきに働くブオンの姿が輝いて見えた。

ブオンと飲食を共にして毎晩夢中になって語り合い、石澤は自分の進むべき道を真剣に考えた。この寺院の「謎」を解明したい。そのためには、ただ遺跡に触れているだけではなく、学術的な研究の蓄積が必要となる、と思った。

「日本に戻り、一から勉強して歴史学者になる。一生をかける研究をしよう」

と決意を固めた。

「また戻って来い」

と嬉しそうにブオンは微笑み、約束を交わした。

遺跡保存活動をなんとか助けたい

カンボジアを離れ、二十年の歳月が流れていた。石澤は、世界的に知られるアンコール朝研究の第一人者（文学博士）になっていた。

カンボジアでは、昭和四十五年（一九七〇）から内戦が始まり、政権をとったポル・ポト派（クメール・ルージュ）が自国民を百五十万人虐殺し、百二十万人の難民が国外へ脱出していた。仏教も弾圧され、アンコールワットの仏像の多くが破壊された。石澤はカンボジア入国を断念せざるを得ず、ブオンとの手紙のやり取りもいつしか途絶えてしまっていた。

ポル・ポト政権（一九七五〜七九）が崩壊してから、昭和五十五年（一九八〇）、石澤に一通の手紙が送られてきた。差出人は、カンボジア人のピッ・ケオからだった。ピッ・ケオは、以前石澤と一緒に遺跡修復作業をしていた保存官の一人だった。

手紙によれば、四十人ほどいた保存官のうち生き残ったのは三人だけ、事務所が閉鎖され十年以上活動が停止している、劣化の激しい遺跡保存活動をなんとか助けてほしい、とのことだった。

石澤は、何としてもピッ・ケオの依頼に応えたいと思った。そのとき、日本の通信社がアンコールワットの取材に入ることを知り、遺跡の専門家として未だ混乱の続くカンボジアに一緒に渡った。すぐさま遺跡調査に入ると、荒れ果てた遺跡の惨状を目の当たりにして息をのんだ。

石澤が愛したクメールの女神の顔が、無残にも破壊されていた。

「これが、あの何ともいえない愛くるしさと、天真爛漫《てんしんらんまん》な笑顔をたたえていた女神か！」

とえぐり取られるように破壊された、無残な女神の顔に絶句した。

拷問や虐殺のあった刑務所や墓地も見せられ、愕然《がくぜん》とした。そして、命を落とした犠牲者の多さに戦慄《せんりつ》したのだった。

そして、ピッ・ケオから衝撃的な言葉を聞く。

「仲間は、ポル・ポト派に連れ去られ、殺されてしまいました。ブオンの消息も、分かりません」

虐殺の標的は知識人だったから、片言のフランス語が話せた保存官も知識人とみなされ、虐殺に追いやられたのである。

「アンコールワットはオレが守る」

というブオンの言葉を、石澤は思い返していた。

ブオンの悔しさを思うと、胸が締めつけられた。

カンボジアの若者たちを育てよう

帰国すると石澤は、文部省（現・文部科学省）から厳重注意を受けた。当時、日本はカンボジアと国交を結んでいなかった。この頃、石澤は鹿児島大学に奉職していた。国交のない国に、国家公務員の国立大教員が渡航することは、原則禁じられていたからである。しかし、生き残った保存官たちへの思いと、亡くなった保存官への鎮魂の思いが断ち難かった。石澤は遺跡救済活動を続けるため、国立大学を辞め、母校の上智大学に移籍した。そして、再度、戦塵煙《せんじんけぶ》るカンボジア国内で、保存活動を開始したのだった。

内戦でカンボジアは深く傷つき、国内は疲弊していた。それに、かつて植民地支配をしていたフランスが、遺跡の研究と修復を主導していたため、現地の人材に専門性が培われにくい構造があった。遺跡修復に携わるカンボジア作業員たちは、ちゃんとしたカリキュラムで保存修復のノウハウを教えてもらえず、下働きの作業しか与えられていなかった。

石澤は、カンボジア人たちと一緒に仕事をしながら思った。

「カンボジア人は、手先が器用なのに……。彼らだって、遺跡に民族の誇りや感性をもっている。遺跡保存作業は、外国人ではなくカンボジアの伝統や文化を理解したカンボジア人が最もふさわしい。それに、カンボジア復興を図る上でも、彼ら自身が修復を行うことに意義がある。研修すれば、自分たちで遺跡の修復ができるはずだ」

石澤のこの考えに、専門家たちは冷淡だった。

「そんなことできるか!?　カンボジア人に任せたら、遺跡を壊してしまうのではないか」

と風当たりは強かった。

だが、石澤の信念は動じない。

「修復のノウハウを学び実習をすれば、彼らはやれる。アンコールワットは、彼らの神聖な遺跡だ。内戦が繰り広げられたが、人材を養成してみんなが一緒に修復作業に取り組めば、アンコールワットの工事現場が民族和解の場にもなるだろう」

「オレたちの遺跡は、オレたちで直すんだ」という〝一生の友〟ブオンの思いに応えるため、カンボジアの若者たちをなんとしても育てたいと石澤は思ったのである。

カンボジア人によるカンボジアのための遺跡修復を！

帰国した石澤は、研究を放り出した。アンコール遺跡の現場で人材を養成しよう、と石澤は現地の土地を買い、建物を建て、そこで研修するという計画を立てた。

「カンボジア現地で、人材養成をする」

という手紙を持参して、日々多くの企業や財団を回り、寄付を募った。

研究者仲間から、

「君は営業ばかりしているね」

と笑われることもあった。

幸い当時カンボジア問題は、日本のマスコミによく取り上げられていた。企業の社長らも関心が高く、多額の寄付も集めることができた。そして、平成八年（一九九六）、カンボジアに「上智大学アジア人材養成研究センター」が建設されることで、それは実現する。

現地に寄り添い、カンボジア保存官と石材加工のできる石工の研修・養成を始めた。翌年から、カンボジア人留学生を上智大学に招いた。留学生たちは、内戦で自国について知る教育の機会を奪われていた。だから、技術の修得だけでなく、カンボジアの歴史や宗教も石澤は彼らに伝えた。自国に対する誇りと問題意識をもって修復を行ってもらいたい、と考えたからである。

この研修・養成の間、石澤たちは遺跡から二百七十四体の仏像を発掘するという世界をも驚かす大発見をしている。平成十三年（二〇〇一）のときのことだ。十九世紀末から続けられてきたアンコール遺跡の調査・研究において、これほどの大量の仏像発掘は初めてのことだった。

これによりカンボジア学生たちは、

「カンボジアの文化は、世界が注目するほど価値があるのだ」

と充実感をみなぎらせ元気になったのだった。

こうして石澤の約三十年にわたる支援は、カンボジアに和解の場を提供し、文化復興、文化遺産への誇りを取り戻すきっかけとなった。この成果・功績に対して平成二十九年（二〇一七）、「アジアのノーベル賞」と呼ばれるラモン・マグサイサイ賞が石澤に授与された。アジアの平和や発展に尽くした、個人や団体に贈られる賞である。

そしてさらに翌年、カンボジア王国から「カンボジア王国友好勲章マハセナ、グランフィシエ、大官位章」が授与された。この勲章は、カンボジア王国のために、傑出した貢献を果たした外国人に授与される勲位である。

「石澤教授は、一九六一年にアンコールワットと出会ってから、今日に至るまで五十年以上にわたり、アンコール遺跡の保存修復、王朝の歴史の解明、カンボジア人遺跡保存官の養成に情熱をもって取り組んできた。ここにカンボジア王国は感謝を込めて、カンボジア王国友好勲章（サハメトレイ賞）を授与する」

これが、カンボジア王国から勲位とともに贈られた言葉である。石澤の「情熱」は、五十年前約束を交わした今は亡き友ブオンの情熱でもあった。カンボジアには、まだ保存修復されていない遺跡がたくさん残っている。しかし、ブオンの夢と情熱は、石澤によってつながれ確かにカンボジアの人々に渡された。カンボジア人によるカンボジア人のための遺跡完全修復の日を、将来必ずや迎えることだろう。

グリーン・ファーザー物語

インドの砂漠を緑の大地に変えた杉山龍丸

遺言「アジアの人々を救いなさい」を受け継ぐ

インド・パンジャブ州——。

インドの北部からパキスタン北東部にまたがるインダス川の五つの支流が流れる地域である。ニューデリーからアンバラを通り、アムリッツァルまで約四七〇キロメートル続く国際道路を車で走ると、両側に一〇メートルを超える見事なユーカリ並木が続き、その周辺には豊かに広がる農耕地帯が見渡せる。

しかし、かつてここは荒漠たる砂漠が延々と続く不毛の地であった。そんな土地に一本、一本、木を植え続け、やがてインド一の穀倉地帯に変えていったのが、杉山龍丸《たつまる》（一九一九〜八七）という一人の日本人だった。

インドには、二人の〝偉大な父〟がいるといわれている。一人は、イギリスからの独立に尽力した「独立の父」マハトマ・ガンジー（一八六九〜一九四八）。そして、もう一人が〝グリーン・ファーザー（緑の父）〟と呼ばれるタツマル・スギヤマなのである。

昭和二十年（一九四五）、軍人だった龍丸は大東亜戦争の終戦に伴い、シンガポールから内地に復員した。傷ついた心と身体を引きずるように、故郷福岡の郊外にある杉山農園に龍丸は帰ってきた。しばらく静養して回復すると、間もなく龍丸は旅に出た。三年間、全国を回り戦死した部下の家を一軒一軒訪ね、遺品を渡し、戦死状況を話して仏壇に線香を手向け、冥福を祈るためである。

しかし遺族から、

「あんただけ、なぜ生きて帰ってきた⁉」

となじられることが、しばしばあった。

後に龍丸は、

「辛くても、やらなければいけないことがある。遺族を訪ねる旅は、そんな旅だった」

と家族に語ったという。

龍丸の誠実な人柄がしのばれる一挿話である。

それからまもなく龍丸は、生活の糧を得るために上京する。廃墟のようになった東京の雑踏を歩いていると、誰かに呼び止められた。見ると大柄な僧侶だった。

「オレだよ、オレ」

龍丸は、すぐに気がついた。僧侶は、陸軍士官学校時代の同級生・佐藤幸雄だった。

「オレは今、インドを救う運動の先頭に立っている。おまえも力を貸してくれ」

龍丸は、その後、佐藤のいう資金を工面したり、杉山農園でガンジーの弟子や留学生に、農業技術の指導などの世話をしたりするようになった。

実はインドをはじめアジア諸国の支援を志した龍丸の祖父茂丸《しげまる》（一八六四～一九三五）が、父泰道《たいどう》（夢野久作《ゆめのきゅうさく》の名で知られる小説家、一八八九～一九三六）とともに築いたのが杉山農園だった。農園は、四万六千坪。東京ドーム三・二個分に相当する広さである。

茂丸は、伊藤博文（一八四一～一九〇九）の懐刀ともいわれ、政財界で手腕をふるった人物である。彼が海外貿易に出向いた際、欧米諸国の植民地にされたアジアの現状を見て、いずれ独立したとき国家の礎になる農業を身につけさせようと農園を設立したのだった。

茂丸は、玄洋社《げんようしゃ》の頭山満《とうやまみつる》（一八五五～一九四四）らと、大アジア主義を掲げ行動を共にした盟友だった。そのため、農園にアジア各国から留学生を受け入れた。とりわけインドの独立運動を支援していた茂丸は、日本に亡命してきた独立の闘士ラス・ビハリ・ボース（一八八六～一九四五）をかくまったり、ガンジーの弟子たちに熱心な農業指導を行ったりした。

「アジアの人々を救いなさい」

これが祖父茂丸のいい遺した言葉であり、龍丸が受け継いだ祖父の意志だった。龍丸も、インドの留学生を受け入れ続けた。留学生たちが来るたびに、龍丸は神社に彼らを連れて行った。

そして、こう教えたのだった。

「日本では、昔から森を大切にしてきた。その象徴が、全国の神社の森、つまり鎮《ちん》守《じゅ》の森だよ。日本の水がきれいなのは、山や野に、木があるからだ」

砂漠が続くインドの大地

龍丸のこうしたインド支援は、やがて初代インド首相ジャワハルラール・ネルー（一八八九～一九六四）の耳にも達し、深い感銘を与えることになった。そして、ネルーは龍丸のもとに特使を遣わし、親書を送った。

そこには、こう記されていた。

「あなたの今までのインド青年たちへの支援に感謝します。それと同時に、アジアの国民生活と産業技術の指導のために、ぜひ、お力を貸して頂きたい」

これが、後の龍丸の運命を変える便りになった。龍丸三十六歳のときのことだった。

龍丸はネルーの要請を受けて、昭和三十六年（一九六一）、インドに向け日本を飛び立った。飛行機がインド上空にさしかかり、窓から初めて見るインドの大地に龍丸は強い衝撃を受けた。見えるのは、ただひたすら続く砂漠の光景だった。

茶褐色の荒涼とした景色に、龍丸は息をのみ心の中でこう叫んでいた。

〈これがインドだ。これがインドか……〉

砂漠化が進むインドでは農作物が育ちにくく、国民の多くが慢性の飢餓状態にあった。雨が少ない年には、死者の数は五百万人にものぼる。

親を飢えで亡くした孤児たちが、

「食べ物を恵んでください」

と龍丸にすがりついて泣いた。

餓死者を乗せた板の行列が、絶え間なく聖なるガンジス川へ続いていく。天地を覆うように、人々の泣き声がこだましていた。

「ああ、なんという光景か!!」

この過酷な現実を目の当たりした龍丸は、心に誓った。

〈インドの人々を救いたい。そのためには、一刻も早く木を植え、森をつくり出すことだ〉

インドの砂漠化は、森林破壊が原因だと龍丸は考えた。何世紀にもわたり森の木を伐採し、伐り出した薪を焚《た》いてレンガをつくり、寺院やモスク、城郭が建てられ文明が築かれてきた。しかし、その文明が森を奪い、土中の命を燃やし尽くしてしまったのだ。

四七〇キロに及んだユーカリ並木

森をつくり出すためには、水が不可欠である。砂漠を緑に変える水を求めて、龍丸は来る日も来る日も奔走した。太陽熱で失神しそうになる。戦争で受けた腰の傷の後遺症（神経障害）に悩まされながらも、調査をやめようとしなかった。しかし、乾いた大地を農地に変えられるような水源は、どこにも見当たらない。

あきらめかけていたそのとき、奇妙な光景が目に映った。炎天下の砂漠で、家畜の牛たちが休んでいる場所があったのだ。

〈近くには木陰があるというのに、なぜだ〉

疑問に思った杉山は、牛の休んでいる場所を掘ってみた。

すると水がしみ出てきた。

〈砂漠にも水がある。たとえ表面が乾いていても、地下水が流れるところがあるんだ〉

ひらめいた龍丸は、その砂漠に木を植えようと考えた。

〈オーストラリアの砂漠で、ユーカリは元気に育っていた。地下水を吸い上げれば、暑さに強く根が深く成長も早いユーカリが育って、地表を潤してくれる。そうすれば、農作物も育てられるのではないのか〉

さらにインドの国道は、ヒマラヤ山脈の裾野を平行に走っている。山脈に氷河の水や降った雨水が地下に潜る。

〈ならば、ヒマラヤから地下水が流れている可能性の高い国道沿いに植えた方がいい。樹木を植えれば、それが伏流水を吸い上げ、緑地化が可能だ〉

だが、そう思い立った矢先に、インドは大飢饉に見舞われ、龍丸の計画も危機に瀕する。国連本部に直談判するも、門前払いをくらった。

そこで、龍丸は自ら国道の村々を訪ね歩き、現地の農民たちに協力を求めた。

「ユーカリを植林して、一緒に農作物をつくり豊かになりましょう」

ところが、人々の反応は冷ややかだった。ユーカリの効果を力説する龍丸だったが、誰も耳を貸そうとしない。彼らは今を生きるのに、精一杯だったからである。

それでも、龍丸はあきらめない。

〈ユーカリが育てば、彼らを救えるに違いない〉

龍丸の孤独な闘いを支えていたのは、祖父と父から受け継いだ、この信念だけだった。インドの焼けるような暑さの中、彼は自分の飲み水もユーカリに与え、自ら先頭に立って植林を続けていった。

この龍丸の自分を捨ててインドのために働く姿が、少しずつ人々を変え始めていった。

「ヨイショ、ドッコイショ」

龍丸の掛け声に合わせて、やがてインドの人々も声を出し、鍬《くわ》をふるい出すようになっていった。遠く日本からやってきた龍丸を信じてみよう。荒涼とした砂漠に、いつしか日本語の掛け声があふれていった。

「タツマルは、心で話した。だから、誰にでも信頼された。彼のいうことを、みんな信用した」

と、インドの人はいう。

こうして、不毛とされていた国道の両脇には、緑のユーカリ並木が育っていった。今、木々の高さは一五メートルにも達した。三万本の街路樹が四メートル間隔で並ぶ道は四七〇キロメートルにも及んだ。それは、東京から姫路までの距離に匹敵する長さである。

ユーカリの巨木は地下水面を上昇させて、周辺地域の灌漑《かんがい》を可能にした。これによって三毛作（稲、麦、馬鈴薯《ばれいしょ》）が行えるようになり、飢餓による死者は確実に減っていった。龍丸が思い描いた未来は、現実のものとなったのである。

砂漠化の根源シュワリック丘陵への挑戦

龍丸のこのシンプルな植林技術は、村から村へ、人から人へと伝えられた。しかし、龍丸の行動はこれだけに止まらなかった。インドの砂漠化の根源の解決を考えたのだった。

砂漠化の根源、それはシュワリック丘陵である。この丘陵は、インド北部ヒマラヤ山脈の麓《ふもと》に帯状に広がり、高さは、三〇〇メートルから七〇〇メートル、広さは三〇〇〇キロメートルに及ぶ。日本列島を超える長さだ。

そこは日夜、土砂の崩落が進み、崩れた小石や砂が砂漠の拡大に拍車をかけていた。インド政府は、世界の学者を呼んで、土砂崩落の解決法を依頼した。

多くの学者たちは、

「コンクリートの壁をつくればいい」

などと意見を出した。

だが、実際の崩落現場のひどさを目の当たりにしたとき、呆気にとられた。みな首を横に振り、帰って行った。

しかし、龍丸だけは一人立ち向かっていった。龍丸は何度も足を運び、丘陵を調査した。そして、苔や微生物が生きているところでは、土砂の崩落が止まっていることを発見したのである。

〈なるほど、植物を採ってきてここに挿し木をすれば、やがて根を張り土砂崩れが止められる。そうしたら、ユーカリを植えればいい〉

龍丸は二、三カ月で成長する「サダバール」（学名エポリア・カリーナ）とインドで呼ばれる植物を見つけ出し、シュワリック丘陵一帯に挿し木をしていった。幸い龍丸の思惑どおり、サダバールは地中深く根を張り土砂崩れが止まった。

こうして、ユーカリを植えていくことが可能になった。ただし、それには、莫大な費用と時間がかかる。ところが、龍丸は平然とこういい放った。

「何も問題はない。不可能と思わなければ、すべて可能だ」

龍丸は郷里の杉山農園も家もすべて売り払い、その全額をユーカリ植林の費用の一部につぎこんだ。一部とはいえ、現在の価格にしてそれはおよそ百四十億円。だが、龍丸にすれば、それは「アジアの人々を救いなさい」という祖父の言葉に従ったまでのことだった。

砂漠化の元凶を絶った龍丸の夢は、次にタール砂漠の緑化に向かう。インド北西部からパキスタン東部にかけて広がる、インド最大の乾燥地帯である。龍丸の考えでは、ここを緑の平原に変えることは可能だった。だが、その壮大な計画の完成に、龍丸の身体はついていくことができなかった。昭和六十二年（一九八七）、脳溢血で倒れた龍丸は、志半ばで帰らぬ人となった。享年六十九。

龍丸は倒れたとき、ウーウーといって唇を食いちぎるぐらいに、悔しそうな表情を浮かべていた。まだやり残したことがあるという無念さを抱えながら、二年二カ月の闘病生活を送ったのだった。病に倒れる前、龍丸は家族にこう話していたとい

「治山治水という考えは、日本の文化だ。この考えをもとに、世界の乾燥地を緑にすることは可能だ。これを実現したい」

という。

龍丸が挑んだシュワリック丘陵。土砂崩れが頻発《ひんぱつ》していたこの丘陵地帯は、時を経て今、見事な緑に覆われている。ガレキだらけのもろい大地が、植林によって生まれ変わったのだ。植林地帯は地下に水を貯め、塩分を吸収して水を浄化する。そして、そこからこんこんと湧き続ける泉がつくり出されたのだった。

祖父の教えを守り抜いた龍丸。村人たちの暮らしに豊かさをもたらした彼の想いは、インドの人々の心に息づいている。

彼らは、

「私たちは誓いました。杉山さんが命を懸けて残してくれた緑を、我々も命懸けで守り抜くことを」

という。

「不可能と思わなければ、すべて可能だ」

といい続けた不屈の挑戦、それが龍丸の人生だった。

そして、その不屈の精神を支えたのは、インドを救うという使命感と「あんただけ、なぜ生きて帰ってきた⁉」という戦死者遺族の言葉だったのかもしれない。それを、龍丸は生涯忘れず背負ってきた。

「アジアを救うために、戦友や部下たちは戦い散っていった。オレの生涯は、彼らの志に捧げよう」

インドの緑に吹く風に当たれば、そんな龍丸の声が聞こえてくるのではないだろうか。

ブータンで「ダショー・ニシオカ」と讃えられた人
貧村地帯に東京ドーム十二個分の水田を開発した西岡京治

ゼロからの出発

「ダショー・ニシオカ⁉　彼を知らない者はおらんよ。ヒー・イズ・グレイト」

ブータン王国で、「ダショー・ニシオカ」こと西岡京治《けいじ》（一九三三〜九二）の名を聞けば、必ずこのような反応が返ってくる。京治のことは、ブータンの人々の心の中にしっかりと今も生き続けているのである。

京治とブータンを結びつけたのは、海外技術協力事業団（ＪＩＣＡの前身）である。海外技術協力事業団は、日本の海外援助の窓口としてつくられた。京治はここから農業指導の要請を受け、妻・里子とともにブータンに渡ったのだった。

ブータンには、農業の他、目立った産業がない。国の将来のすべてが農業にかかっている、といっても過言ではなかった。しかし、現状、食料の自給率が低く、不足はインドからの輸入でまかなわれていた。食事は、主に赤米という米と肉。数種類の根菜を除き、野菜を食べる習慣がなかった。そこで、ブータンは農業の近代化を進めようと、日本へ援助を求めたのである。

農業技術、品種改良を専攻していた大学院生時代から、京治はすでにブータンに魅力を感じていた。チベット語も習得し、「大好きなヒマラヤで農業技術の普及に打ち込みたい」という志を立て、一九六四年（昭和三十九）、ブータン第二の都市パロに降り立ったのだ。

しかし、当初京治は好意的に迎えられなかった。パロにある開発庁農業局の事務所に出向くと、インド人の局長と職員が応対した。ブータンではまだ専門家が育っておらず、その指導をインド人にあおいでいたのである。

インド人局長は、京治を突き放すようにいった。

「あなたがいきなり日本の農業をもちこんでも、成功は難しいですよ。ブータン人は昔ながらの農業を続けていて、その方法をなかなか変えようとしないんですよ」

京治はいい返す。

「そうでしょうか。テスト栽培をして農業生産が向上することを、ブータンの人たちに見てもらえれば、必ず成功すると思いますが……」

京治は、農業局に農業試験場があり、技術者たちの育成が行われていると思っていた。ところが、返ってきた局長の言葉に、京治は唖然《あぜん》とする。

「残念ながら、農業試験場などありません。ここの耕作地は個人の所有ですから、それを農業局が買いあげて試験場をつくるなんて、とうてい無理な話なんです」

あてがはずれた京治だったが、

〈ゼロからの出発か……。ブータン政府に働きかけて、小さくてもいいから試験栽培ができる農地を見つけてもらおう。その方が、やりがいがあるというものかもしれない〉

と思い直してみた。

数日後、農業局がようやく見つけた農地が、京治に与えられた。ブータン首相の家の田畑の一部だったのだが、広さはわずか六十坪。カウンター・パートという協力者もいない。なんとか実習生として送り込まれたのは、十二、三歳の少年たち三人だけ。農業の手伝いと聞いて、勉強嫌いな少年たちがしぶしぶやって来ただけのことだった。

〈成果を挙げれば、自分の農業技術は受け入れられるはずだ〉

京治は、まず日本から持ってきた大根の種を畑にまいてみた。昼夜の寒暖差の大きいブータンに、大根は適している。そして、畝《うね》をつくってみせた。こうすれば根が伸びやすく、大根はよく育つ。

このように、京治は「やりなさい」とはいわず、「やってみせた」。言葉でなく、自らやって見せたのである。そうして、結果が出れば、自然に伝えたいことは伝わっていく。三か月後には、それまでブータンの人々が見たこともない大きな大根ができあがった。ブータンにも「ラフ」という大根はあるが、日本の大根ははるかに大きい。

少年たちは、ずっしり重い見事な大根に驚き、

「日本の野菜の種はすごいや」

と歓声をあげた。

農場での京治は、とにかく勤勉で、朝早くから夜遅くまで本当によく働いた。パロの農家の人たちは、その姿を見て「この人のいうことなら信頼できる」と思い、野菜づくりを始めるようになった。夏には、村人たちが目を見張るほどのキュウリ、キャベツ、ネギなどの野菜が収穫できた。

二年目を迎えるようになると、ブータンの国会議員や知事が、京治の試験農場を入れかわり立ちかわり見学に訪れるようになった。

「ここの野菜を展示してみたら、どうだろう」

国会議員の一人が、アイデアを出してくれた。

早速展示してみると、村人たちの反応ははやかった。

「日本人がつくったすごい野菜がある」という情報は、瞬く間に村を走り抜けた。

「種を分けてもらえないかね」

「野菜づくりの手ほどきをしてもらえまいか」

京治に、村人たちからの要望が殺到した。野菜栽培は、全国に爆発的な人気を得るようになった。

そんなある日、京治に朗報が入る。ジグミ・ドルジ・ワンチュク国王（第三代、一九二九〜七二）からの招待である。

「直接に会って話をしたい。城に来て欲しい」

京治の評判は、ついに国王の耳にも届いたのだ。国王は、京治に感謝と試験農場への期待の大きさを語った。

国王は、京治に今の農地の四百倍の広さの農業試験場を与えた。さらに、二人のインド人スタッフと四人の実習生をつけてくれた。優秀な実習生は、日本に研修生として留学させることも決まった。

この試験場で、ブータンにはなかった白菜やニンジンを栽培していった。また、稲作にも取り組んだ。ブータンの稲作は、苗と苗との間隔がバラバラで、作業効率がかなり悪かった。そこで、日本式の「並木植え」を取り入れた。

縦横一定の間隔で植える「並木植え」は、風通しがよく養分も均等に行きわたり成長によい。するとねらいどおり、それに替えただけで収穫量が四割も向上した。実績ほど強いものはない。試験場には、農民たちが訪れ、京治の農業技術は彼らによって国中に広まっていった。

「シュムガンを救って欲しい」

ブータンがようやく国連加盟を果たした翌年の一九七二年（昭和四十七）、国内は深い悲しみに包まれた。国王が急病で亡くなったのだ。十六歳だったジグミ・シンゲ・ワンチュク皇太子が新国王（第四代、一九五五～）となった。父の国王の推進してきた国際化を受け継ぎ、農業開発にも積極的な姿勢を見せた。

この新国王から、京治は相談を持ちかけられる。それは、シュムガン県パンバン村の開発だった。インド国境に近いシュムガンはジャングルに覆われ、ブータンの中でも最も貧しい地域である。焼き畑農業の繰り返しで土地は荒れて、住民の生活は困難を極めていた。

「シュムガンを、ニシオカの農業技術で救って欲しい」

京治を見つめる国王のまなざしに心打たれ、

〈やればなんとかなる。なんとかなるようにやろう〉

と自分にいい聞かせ、引き受けた。

シュムガンへは、パロにある試験農場から車でまる一日走り、険《けわ》しい山道は徒歩で五日かかる。ようやくパンバン村に入った京治は、愕然《がくぜん》とする。平地がほとんどなく、荒れた斜面ばかり。常時、食料不足に悩まされ、誰もがみな飢えていた。

京治は、まず焼き畑を止め、稲作に切り替えるように住民たちを説得した。住民の理解と協力と参加がなければ、成功は望めない。

この開発計画は、国王自らが立てたものだと説明するが、

「こんなところに、国がお金をつぎこんで水田を開こうなんて信じられん」

「米がとれるようになったら、国に土地を取り上げられるのではないのか」

西岡京治。ブータン・ティンプー市郊外にて（写真提供＝時事通信フォト）

などといわれ、なかなか心を開いてくれなかった。

住民との話し合いは、五年間で延べ八百回にも及んだ。興味を持ってくれた人たちを、パロの試験農場へ見学に行かせたりもした。彼らはそこで、献身的に働く人の姿を目の当たりにする。

京治は、試験農場を単なる技術移転の場としていなかった。こつこつと熱心に働く姿勢を身につけ、それこそがより多くの収穫が得られるということを学ぶための場にしようと考えていたのである。

こうした地道な活動を続け、ついに村人たちを動かした。当初、険しい斜面ばかりの土地に、稲作用の場所を切り拓くことは容易ではなかった。だが、村人たちは力を合わせ、開墾を始めた。

そして、二十五名の少年たちを試験農場に送り、技術を研修させる。帰ってきた少年たちは、意気込みに燃えて開発工事に汗を流した。水路が三百六十六本引かれ、農道を含めて三〇〇キロメートルを超える道路がつくられた。また、水田だけでなく、学校や診療所も開設された。

こうして稲作が進められ、十八万坪もの水田がパンバン村に広がった。東京ドーム十二個分に相当する広さである。畑では、香辛料をはじめ大豆、トウモロコシ、ジャガイモ、大根などが栽培され、果樹園にはオレンジやリンゴの苗木が育った。これにより三万人を超える人々が、田や畑のある土地に落ち着いて住むことができるようになった。

村人の「米はうまいなあ」という言葉が、京治にとって何より嬉しかった。「村はすっかり生まれ変わりました。ニシオカさんが、はじめにいってくれていた通りになった。お礼をいいます」

涙を浮かべながら、老人が京治の手を固く握りしめながら、こういった。京治は、こみあげてくるものをこらえながら、パンバン村をあとにした。

一九八〇年（昭和五十五）、国王は京治に、「ダショー」の称号とその象徴である赤いスカーフを授けた。ダショーとは、ブータンで「最高の人」を意味する。「十六年にわたるブータン農業への功労」に対して贈られたものである。ダショーが外国人に授与されたのは、後にも先にも京治ただ一人だけである。

京治は、ブータン農業をさらに発展させるため、「農業機械化センター」を設立。簡単な農機具をつくったり、修理したりすることに取り組んだ。さらに、野菜や果物をジュースや缶詰にする技術も指導した。そして、パロの試験農場によく似た農場をブータン各地に設置し、指導者をどんどん増やしていったのである。

しかし、一九九二年（平成四）、京治は敗血症で急逝する。ちょっとした傷口から、細菌が入って感染を起こすのが敗血症である。まだ五十九歳になったばかりだった。

葬儀は、ブータンの農業大臣が葬儀委員長を務める国葬であった。ブータン国内は、驚きと深い悲しみにつつまれた。国葬には、王室や政府の人たちはもちろんパロの農家の人たちも合わせて五千人余りが続々と集まり、別れを惜しんだ。

葬儀の後、妻の里子がパロ試験農場の事務室に入ると、一通の電報が京治の机の上にあった。国王の伯父ナムゲル・ワンチュク（厚生大臣）が、パンバン村を視察して打った電報だった。

「パンバン村の人たちは、あなたのことを尊敬の気持ちをもって覚えており、あなたが再び村を訪れてくれることを、心からお待ちしております。あなたが始めた開発の仕事は今、実を結んでいます。村人たちは、『あなたの献身的な働きがなければ、自分たちの進歩はなかっただろう』といっています。彼らはいつまでもあなたに感謝し続けるでしょう」

京治は、どんな思いでこれを読んでいたのだろうか。里子は、何度も電報を読み返していた。

アフガン希望の星

日本伝統治水技術で用水路を建設し砂漠を緑に変えた中村哲の挑戦

中村哲無念の帰国

「すべてのアフガニスタン人に代わり、心から感謝の言葉を申しあげます。心からご冥福をお祈りします。あなたは天国へ行っても、きっと私たちをずっと励ましてくれると思います」

令和元年（二〇一九）十二月九日、福岡空港で中村哲《てつ》の柩《ひつぎ》を出迎えた九州在住のアフガン人が述べていた言葉である。

福岡空港に中村は、アフガニスタンから無言の帰国をとげた。中村の遺影や花輪をそれぞれ手にして駆けつけた約四十人のアフガン人の誰もが、深い悲しみと失望の中にあった。

アフガニスタン東部のジャララバードで同年十二月四日朝、現地の水利事業に携わっていた中村が、志半ばで暗殺集団の凶弾に倒れた。享年七十三。中村は、その日も用水路の改修工事に向かっていた。その途中、犯行グループは二台の車で中村を襲った。殺害されたのは、中村や運転手ら計六人。水の利権をめぐるトラブルや窃盗犯の可能性が指摘されたが、真相は分かっていない。

年が明け、一月一日付『フィナンシャル・タイムズ』に「アフガン戦争の罪深い人々の中の日本の聖人」というタイトルで、中村がめざしたことや業績が紹介された。

「農地を回復し暴力を減らした中村の知恵を、アメリカ人がわずかながらでも持っていれば、アフガンも平和になっただろう」

と中村への賞賛とともに、アメリカ政府のアフガンにおける失策に辛辣《しんらつ》な批判がそこに記されていた。

一方、アフガニスタン現地では、こんな中村の歌が歌われるようになったという。

　あなたの血と汗は私たちの土地に注がれた
　あなたのお陰でこの世が果てるまで砂漠には花が咲き
　これからも私たちは恩恵を受け続けるでしょう

ああ、中村医師よ、中村医師よ

中村は、死の前年にアフガニスタン大統領モハンマド・アシュラフ・ガニから「ガジ・ミール・マスジッド・カーン勲章」を授与されていた。

「彼は保健および農業の分野においてわが国の人々に多大な影響を与えた」

というのが、その受章理由である。

長年の灌漑の仕事が地元で評価され、中村たちの声が為政の中枢にもようやく届いたときだっただけに、彼の訃報に接した多くのアフガン人たちの無念さは察するに余りある。

中村哲。ペシャワール会代表として記者会見（福岡市内）
（写真提供＝時事）

百の診療所よりも一本の用水路を

ＰＭＳ（ピース〈ジャパン〉・メディカル・サービス）総院長の中村が、前任地ペシャワール（パキスタン）から国境を越え、アフガニスタンにやって来たのは、一九九一年（平成三）のことである。医師であった中村は、アフガニスタン国内に診療所を開設する。

ソ連侵攻の爪痕が残るアフガニスタンは、四十数年戦乱が続いているが、当時からたいへん貧しく、水や電気の供給も充分でなかった。中村が踏み入れたのは、欧米の支援団体が見向きもしない辺境だった。活動を続ける中、中村は医療の限界を感じていた。清潔な水が不足しているため、怪我や病気を悪化させるケースが多かったからだ。

中村は、

「感染症患者に抗生物質を与えるよりも、清潔な水を与える方が根本的な解決法だ」

と考えた。

有志の日本人青年たちと井戸を掘ったのは、そのためである。彼らと一緒に掘った井戸の数は、実に千六百本。

アメリカで同時多発テロ（二〇〇一年）が起こり、その報復としてアフガン戦争が始まったころ、歴史的な大干ばつがアフガニスタンを襲っていた。水不足で農業ができず飢えていく人々。渇きに耐えかねて泥水をのみ、感染症で命を失う子供たち。そして、空爆に巻き込まれ亡くなる市民たち。

そんな姿を目の当たりにして、

「干ばつや病で人が亡くなっていくところに、爆弾を落とすとは何ごとか！」

と中村は、やり場のない怒りを感じていた。

中村は知っていた。

「三度の食事が得られ、ふるさとで家族仲よく暮らせたら戦いはなくなる」

とアフガンの人々が口をそろえていっていることを。

生きる術《すべ》を失った多くの農民が、仕事を求め都市部へ流れていく。その結果共同体が崩れ、家族を養うために若者が武装集団の傭兵《ようへい》になる。そうして、治安が悪化するという悪循環が生まれていくのである。

〈これを断ち切るためには、皆が農村生活で安心して食べていけるようにしなければならない。そうしなければ、アフガンは永久によくならないだろう。百の診療所よりも一本の用水路だ〉

と中村は考えた。

用水路をつくり、砂漠を緑化して農地に変えるという事業を、中村は思いついたのである。アフガンの九割近くの国民が農民である。かつては食料自給率一〇〇パーセントを誇る国だった。それが砂漠化の進行で、耕地が極端に減り、農村部からの出稼ぎ難民が急増したのである。

アフガンに平和を取り戻す根本策は、まず何よりも砂漠化した畑を緑にかえし、農村を再生することだ。これが、中村の洞察が行きついた結論である。

用水路建設に用いられた日本の伝統治水技術

中村が目をつけたのは、干ばつの間も水をたたえるクナール川だった。幸いにも、アフガンには積雪が多い標高七〇〇〇メートル級の山があり、河川の水は涸《か》れることなく、満々と水をたたえている。この水を用水路で引き込むことができれば、乾ききった農地に緑をよみがえらせることができる。

堰《せき》（流水をせきとめるもの）をつくり、川の水を貯め、それを流すというのが用水路の構造だ。しかし、もともと医師で土木の知識が全くなかった中村は、ゼロからそれを学ばなければならなかった。しかも、ここアフガンでは、大量のコンクリートを使うといった潤沢《じゅんたく》な費用は望めない。

そこで、中村が学び参考にしたのが、彼の故郷福岡県朝倉市にある「山田堰《やまだぜき》」と呼ばれる取水堰である。安価でしかも急流の川に適している日本独自の伝統的取水法で、その原型をとどめているのが、筑後川流域の山田堰なのである。寛政二年（一七九〇）の江戸時代に築造され、今もなお現役で使われている。

大がかりな機材がなくてもつくれることが特徴で、生態系への影響も少ない。大小の石を水流に対して斜めに敷き詰めていく。そうすることで、「日本三大暴れ川」の一つといわれる筑後川の勢いを抑えつつ、用水路に水が導ける仕組みになっている。これなら、流れが急なクナール川にも十分適用可能である。

それから、「蛇籠《じゃかご》」という日本の伝統的な治水技術も、アフガンにはうってつけだ。機械に頼らなくてもよく、低コストで持続可能な方法である。蛇籠はコンクリートのない時代に、筒状の網に石を詰め、それを使って堤防を築く護岸工事に用いられた。

石の宝庫であるアフガニスタンには、あちこちに石が転がっており、蛇籠用の石には困らない。またコンクリート構造物だと、修復に技術や費用がかかる。一方、蛇籠は石と籠があれば、地元の人でも修復が可能だ。これなら、中村がいなくなっても現地の人たちが自分たちの力だけで、水路が維持管理できる。

そうして、できあがった用水路の堤防には、柳の木を植える。柳の木が蛇籠の石の間に根を伸ばして自然の網としての役割を果たし、堤防を強化する。柳は水に浸かっても腐らない。このようにして川岸を保護する工法を「柳枝工《りゅうしこう》」というが、これも日本の伝統的技術なのである。

きれいな水を用水路に流すためには、「堰板方式《せきいた》」の水門が用いられる。取水口及び川の水を一旦ためる「沈砂池《ちんさち》」の出口に、これをとりつけるのである。堰板の高さで取水量を調節して、川から流れ込んだ土砂を沈砂池に沈殿させ、上水をとって流す。

直径三五〇メートルの沈砂池を出るころには、澄んだ水となって用水路に流れるという仕組みだ。この堰板で水門を設けるという「堰板方式」もまた、外国では見られない日本独自のやり方である。

中村は、この「山田堰」「蛇籠」「柳枝工」「堰板方式」といった伝統的な治水技術に学び、これをアフガンの水路建設に応用し役立て再現していったのである。

なお、中村がこうした技術を駆使して行った治水工事は、後に日本の土木専門家から高い評価を受け、平成三十年（二〇一八）に土木学会技術賞が贈られたことをここに付記しておこう。

アフガン人の手で、この大地に緑を

二〇〇三年（平成十五）三月、いよいよ中村の挑戦、水路建設が始まった。地方政府の要人、長老会メンバー、ＰＭＳ代表を集めて着工式がとり行われた。

中村は開口一番、

「この用水路建設に、我々の未来がかかっています」

といった。

「この建設事業を『緑の大地計画』と名づけます。クナール川から引き込んだ水を、乾燥地帯に誘導し、最終目的地ガンベリ砂漠をめざします。その距離二五・五キロメートル。完成すれば、毎秒六トン（一日五〇万トン）の水を送り込める計画です」

目の前の命を救うために、このときから中村は白衣を脱ぎ捨て、作業着を身にまとったのである。

工事の噂《うわさ》を聞きつけ、多くの人が集まってきた。元タリバン兵もいれば、かつてアメリカ軍に協力した兵もいる。パシュトゥーン人もタジク人もいた。立場や民族を超えて水路建設に挑んでいった。

「私たちの国の将来がかかっている。だから、頑張れるんです」

「用水路ができれば、暮らしはよくなります。日本人のやろうとしていることは、すばらしいことです」

人々はこういって、工事に参加した。掘削機やクレーンなどの重機は、わずかしかない。ほぼ人力でつるはしやハンマーなどをふるい、工事にあたった。作業員は常時四百名、多いときで五百名を超えた。働いた人には、日当が支給された。こうした人件費や建設費用は、中村の活動を支援するNGOペシャワール会に寄せられた寄付金で全額賄《まかな》われた。

工事開始から五年後の二〇〇八年（平成二十）八月、恐れていたことが起きる。アフガンの人々に尽くしたいと働いていた伊藤和也（当時三十一歳）が、武装集団に拉致殺害された。これ以上犠牲は出せないとして、中村は日本人スタッフ全員を帰国させた。

現地に日本人は中村ただ一人が残り、陣頭指揮を執った。

「あなたたちは、懸命に働いてくれました。雨の日も日差しの強い日も。今、私たちは、目的地に到達しようとしています。この用水路が、未来への希望となることを願っています。必要なものは、水と食べ物です。戦争では解決しません。私たちは、挑戦を続けます」

と働く人々を激励した。

全線開通を二〇〇九年（平成二十一）春に予定していたが、殺害事件で工期が遅れに遅れていた。しかし、五百人の作業員たちは、ひるまなかった。強烈な陽光と熱風により、摂氏五十三度にも達する熱砂のガンベリ砂漠に、果敢に立ち向かっていった。

用水路の成否には、彼らの生存がかかっている。これが失敗すれば、再び過酷な難民生活が待っている。まさに彼らが生きようとする気迫が、この工事を支えていた。いつしか人々の間で「ガンベリへ、ガンベリへ」が合言葉になり、必死で働いた。満足に機械はなく、それが故障すればつるはしやシャベルで挑み、それが折れれば素手《すで》で土石をかきわけた。

二〇〇九年七月、用水路先端は、一三キロメートルを突破。目標地点まであと二・五キロメートルに迫る。殺人的な猛暑の中の労働で、熱中症で倒れる者が続出する。しかし、それでも手を緩めず、果敢に作業が進められた。

「ジハード（聖戦）のときでさえ、これほど壮烈な光景を見なかった」とかつてゲリラ部隊を率いた経験がある現場監督が、このときの感想を漏らしていたという。

それだけに、同年八月三日に用水路が開通したときの喜びは一入《ひとしお》だった。皆が涙を流し、現場は熱狂的な歓喜に包まれていた。

総延長二五・五キロメートルの堂々たる用水路は、砂漠の中の「真珠」という思いを込めて「マルワリード（真珠）用水路」と名づけられた。死の谷として昔から恐れられ多くの旅人を葬ってきたガンベリ砂漠も、水が得られると、あっという間に緑の農地が広がっていった。

農地が回復した村には、一度村を捨てた人々が次々と帰ってきた。主食の小麦だけでなくカブやニンジン、大根など野菜も収穫され、それらを売り現金収入を得る農民の姿も見られるようになった。武器ではなく、つるはしでアフガン人の暮らしを立て直す、という中村の信念が実った瞬間だった。

このマルワリード用水路だけで、三五〇〇ヘクタールの田畑がよみがえり、二七〇〇〇トンの農産物の生産が可能となった。これは年間十五万人分の食料に相当する。

中村の事業は、彼が亡くなっても継続され、初めて現地スタッフの技術者のみで挑んだ十本目の用水路が完成した。着工から二年の歳月を費やし、二〇二二年（令和四）九月にようやく完成した。こうして築かれた用水路の周辺には、約一六〇〇〇ヘクタール（東京ドーム約三千四百個分）が緑化され、約六十五万人の自給自足を支えている。

村に帰ってきた農民たちは、口々にこういう。

「緑が戻ってきたので、一族でここに帰ってくることができました。おなかが一杯になれば、みんな戦争のことは考えませんよ」

「今はここで多くの人が働けます。それが幸せだよ」

「ここで稲刈りができるなんて、他の土地の人に話しても誰も信じないよ」

中村が思い描いていたキャンバス上の風景とアフガン人の思いが、いまや現実のものとなったのである。

二〇二〇年（令和二）五月、アフガニスタンで中村を描いた二作の絵本がNGOガフワラによって出版された。一冊目は、病気の背景に干ばつがあると知った中村が、苦闘しながら用水路建設に挑むという内容。二冊目は、中村が男の子に「知恵」と「優しさ」で人を幸せにする方法を教える、というファンタジー作品になっている。

これは、子供たちに武器を持たないヒーローである中村の思いやりの心を知ってもらい、平和づくりに貢献してほしいという願いから制作されたものである。

日本でもこれを一冊にして邦訳し、解説が加えられ、『カカ・ムラド　ナカムラのおじさん』（さだまさし他訳、双葉社）というタイトルで刊行された。

ガフワラ代表のザビ・マハディは、

「アフガニスタンに中村さんのような方が十人いれば、今ある様々な問題は起きていなかったでしょう。私の望みは中村さんがやり残したことを皆で実現し、この国すべての大地を潤すことです」

と語っている。

実際に灌漑用地を広げる活動は、現在も中村から感化を受けた人たちを中心に継続中である。アフガン人自らの手で「この国すべての大地を潤す」という中村のやり残した事業は、確かにアフガニスタンに受け継がれ、これからも緑の大地が広がり続けることだろう。

後編

世界から日本への贈り物

第一章

日本の美とこころを世界に発信

〝霊の国日本〟を世界に紹介

今も生きる神々の世界を発見したラフカディオ・ハーン

神々の首都・出雲での神道体験

「ああ、その光景の魅力はどうだろう。あの靄《もや》に浸されて定かならぬ朝の最初の艶《つや》やかな色合い。こういう朝の色綾《いろあや》は眠りそのもののように柔らかな靄から軽く抜け出て目に見える蒸気となってうごく。ほのかに色づいた霞《かすみ》は長く伸び広がって湖の遥か彼方の端にまで達する」（小泉八雲著／平川祐弘編『神々の国の首都』講談社学術文庫）

パトリック・ラフカディオ・ハーン（一八五〇〜一九〇四）は松江の日の出前の朝の印象を、このように感動的に描写している。ハーンは明治二十三年（一八九〇）四月に来日し、八月末に米子から小さな汽船に乗って中海《なかうみ》を渡り、大橋川の桟橋で人力車に乗り換えて松江に到着していた。

ハーンが見たのは、大橋川の北岸に面する富田家旅館二階の障子窓からの風景だった。そこから、宍道湖《しんじこ》とその向こうの中国山脈が霞んで見える。東には、「出雲富士」の大山《だいせん》の霊峰も望むことができた。

ハーンは、島根県尋常中学校と師範学校の英語教師として、アメリカから渡ってきたアイルランド人だった。彼は松江に来て、二週間後に中学校の教頭・西田千太郎（一八六二～九七）に連れられて出雲大社に詣でた。これは、ハーンの「最も熱烈な願い」であった。宮司と昵懇《じっこん》だった西田の紹介状のおかげもあり、ヨーロッパ人でありながら例外的に昇殿《しょうでん》参拝が許された。

神官たちはいずれも背が高く、その姿はまるで古代ギリシアの神僧かアッシリアの占星術師のようにハーンには見えた。そして、「日の神の末裔《まつえい》であり、今日に至るまで現身《うつしみ》にあらざるお人として諸人から崇敬されている」（「杵築《きづき》」同右書）宮司《ぐうじ》の千家尊紀《せんげたかのり》（一八六〇～一九一一）に社殿で謁見できたのだった。このときの感動を、ハーンは次のように書き残している。

「この人が日本の国史発祥の地とも言うべき出雲の国で、人々からこぞって仰《あお》ぎ崇《あが》められているという事実である。その計り知れないほどの宗教的権威、そして神々に遡《さかのぼ》るという貴い血統を思い合わせる時、この人の一族が太古の昔から身に帯びてきた神威がまざまざと感じられ――私の敬愛の念は、畏怖《いふ》というに近い思いにま

で深まるのである」（同右）

ハーンは、「私は初めて重大な日本体験をすませてまいりました。杵築《きづき》を訪ねてきたのです」と友人に手紙を書き送っている。ハーンは、この参拝で決定的な神道体験を受けたのである。

孤独と放浪の半生、そして日本へ

イギリス統治下にあったアイルランドの陸軍軍医チャールズ・ブッシュ・ハーンを父に、ギリシア人の村娘ローザ・アントニオ・カシマティを母に、一八五〇年（嘉永三）ハーンはイオニア海に浮かぶギリシアのレフカダ島に生まれた。ラフカディオというミドルネームは、この島の名前にちなんでつけられたものである。

その二年後に、父の故郷ダブリンに帰ることになる。父の家族と同居することになった母と子は、閉鎖的なイギリス上流社会になじめず孤独だった。ローザは英語が話せず、一方チャールズはクリミアに出征したからである。

戦場からチャールズが帰ると、夫婦仲は完全に冷え切っており、幼いハーンをのこし、懐妊していたローザはギリシアに戻された。これが、母との永遠の別れとなる。チャールズは間もなく再婚し、邪魔者になったハーンは父方の、資産家の大叔母に預けられた。

お邸《やしき》で裕福な坊ちゃんとして育てられるが、心の中は孤独と苦悩と喪失感で耐えがたい気分に苛《さいな》まれていた。ハーンはここで、不思議な恐怖体験もしている。夜な夜な部屋のあちこちで、お化けや妖精がいるのを見ているのである。

これは後年、奇しくも彼が、日本を「霊の国」として神道に興味を持つ、奇妙な体験にもなり得ていた。しかし、大半は母を追い出した父を憎み、優しかった母のかすかな記憶を温もりに代えて耐えるという少年時代を過ごしていた。そんな寂しくみじめな生活を送り続けるなか、ハーンが十六歳のとき大叔母は破産してしまう。

ここから、無一文・天涯孤独の身になった、彼の長い放浪の旅が始まる。ハーンは単身アメリカに渡る。ここでハーンは抜群の取材力と巧みな文章力によって、一流新聞記者として身を立てることになる。

やがて、黒人と白人のハーフであった、マティという女性と恋に落ちた。しかし、当時は白人と黒人の結婚は禁止されており、ハーンは法律違反で新聞社をクビになり、マティはハーンのもとを去っていった。

結婚に破れたハーンは、再び旅に出る。辿りついたルイジアナ州ニューオーリンズで、作家活動を始めた。いつも書く材料を求めていたハーンは、そこで開催された万国産業博覧会で、日本の展示物にたちまち心を奪われる。バジル・ホール・チェンバレン訳の『古事記』に出合ったのは、このときである。母の故郷ギリシアの古代神話に似た多神教の『古事記』の世界に魅かれ、日本に憬れるようになっていく。ハーンはここに足しげく通い、記事を書いている。日本展示室にいた文部省派遣の役人服部一三《いちぞう》（一八五一～一九二九）は、そんなハーンに丁寧に解説してくれた。後にこれが縁で、服部はハーンに松江尋常中学校への就職の世話をしている。ハーンは自分の目で、神々のいる日本を見ようと決心したのだった。

神々が生きている日本

母から溺愛されていたハーンは、母を懐かしみギリシア的なものに憬れるようになる。ギリシア神話の本を愛読し、その古代の神々を愛するようになった。

「あの滅びたギリシア文化の美しい世界に住むことができたら、どんなにいいだろう」と。

『古事記』の神話に興味を持ち、その世界に引き込まれたのは、古代ギリシアと同じような多神教の世界がそこに描かれ、その信仰が実在するのかと思うと、なんともいえぬ懐かしい気がしたからである。

「杵築（出雲大社）を見る——それはとりもなおさず神道の生きた中心地を見ることであり、知られざる太古の昔より今この十九世紀に至るまで、いささかも衰えることなく力強く脈打ちつづけた古代信仰の、生命の鼓動にじかに触れることなのだ」（同右）

ハーンを出雲大社詣に向かわせたのは、この懐かしさを感じさせる「古代信仰の、生命の鼓動」に直に触れたいという熱烈な願いだった。出雲大社の鳥居をくぐると、境内から潮騒のような重々しい響きが聞こえてくる。それは参拝者たちの無数の手が打ち鳴らす柏手《かしわで》の音だった。

ラフカディオ・ハーン
（写真提供＝GRANGER／時事通信フォト）

〈本当にまだこの地上に神々の信仰が生きている国があるとは！〉

ハーンは、『古事記』の世界が今なお生きていることに驚いた。子供の頃から母への俤《おもかげ》と重ね合わせながら憧れていたギリシアの神々をまつる神殿は、すでに廃墟と化していた。ゼウスを崇める人もいなければ、アポロンの神託に耳を貸す人はもういない。古代ギリシアの多神教は死滅しているのだ。だが、日本では『古事記』の神々の世界が、神代《かみよ》そのままに今もなお生きている。そして、日本人の魂は、不思議にも古代ギリシア人の精神によく似ていると感じたのである。神社で祀られている神を目の当たりにして、ハーンは驚愕するとともに楽園に来たような嬉しさと安堵感を覚えるのだった。

ハーンは、日本での神道体験を、古代ギリシアの神々との比較論の中で解明して見せた。それが、生前最後の著作『日本――一つの解明』である。全ての交友関係を絶ち、時間を惜しみ健康を犠牲にしてまで、心血を注いだ日本研究の集大成ともいうべき大著である。

神道が日本人の精神や文化の根幹にあることを論じ、家と地域と国家において死者が神になる先祖崇拝こそ神道の精髄だとしている。日本は神としての死者（祖先）の霊が、生者に働きかける国である、という意味で、ハーンは「神國」という漢字を英文原稿の表に書き添えている。

当時の西洋人の多くは、神道に否定的でその価値を見出さなかった。しかし、ハーンは西洋文明至上主義の先入観や人種的偏見にとらわれることなく、精緻で美しい英文の文体で自分の理解した神道を世界に発信した。

ハーンが日本で生前に書いた著作は十四冊に及ぶが、それらは欧米で評判を呼び、日本及び日本文化の紹介者としての地位を確立した。ハーンの愛読者の一人に、アルベルト・アインシュタイン（一八七九〜一九五五）がいる。彼は大正十一年（一九二二）に来日しているが、記者会見で訪日の目的を訪ねられたとき、

「ラフカディオ・ハーンなどで読んだ美しい日本を、実際に自分の眼で確かめてみたい」

と答えているのである。

明治三十七年（一九〇四）九月二十六日、ハーンは五十四歳で狭心症によって亡くなった。『ニューヨーク・タイムズ』は彼が亡くなった三日後、死亡記事の中で次のような言葉を載せていた。

「おそらく西洋人中の他の誰よりも、ラフカディオ・ハーンは東洋と西洋を隔てる溝を埋めるのに成功した。もし、西洋人で日本を理解した人間がいたとすれば、それは彼である」

ハーンが埋めた溝は、それだけではないだろう。ハーンの著作を読む日本人なら、彼が到達し得た神道の奥深くまでくみとる感性と理解力に驚くとともに、古きよき日本と現代日本を隔てる溝をも埋めてくれていることに、気づくであろう。

眠れる『源氏物語』を目覚めさせた〝王子さま〟

紫式部を世界屈指の作家であることを知らしめたアーサー・ウェイリー

『源氏物語』を読んでみたくなった語学の天才イギリス人

ここは、大英博物館の「東洋版画・素描部」の作業室である。絶頂期にあった大英帝国の国力により、収蔵庫には日本や中国の絵画や版画の膨大なコレクションが保管されている。館員たちは、そこから作品を取り出し、日々整理作業に追われていた。

館員の一人アーサー・ウェイリー（一八八九〜一九六六）は、いつも通り日本画の整理をしていた。すると、一幅《いっぷく》の絵巻物が目に入った。一人の貴公子が座し、月を眺めている絵だった。広がる海、生垣《いけがき》のある侘《わび》しい住まい、悲しげな眼差《まなざ》しが描かれている。物語の一節の画賛もある。それは、『源氏物語』十二帖の「須磨《すま》」の一場面を描いた「源氏物語絵巻」だった。

『源氏物語』の作者は、紫式部（生没年不詳）。関白藤原道長（九六六～一〇二八）の娘である中宮彰子《ちゅうぐうしょうこ》（九八八～一〇七四）に仕えた女房。主人公・光源氏の生涯を軸に平安朝貴族の世界を描いた「源氏物語絵巻」は、その『源氏物語』を抒情的に絵画化した日本を代表する絵巻である。

「美しい……」

とウェイリーは、もののあ哀れを背景にして浮かびあがる、美の世界に魅せられていた。

後に彼は、この絵に付されていた数行の日本古文に惹きつけられ、それを読解している。

すると、

「そのとき、なぜかわからないが、急にすべての『源氏物語』を読んでみたくなった」

のである。

すでに日本語の独習を終えていたウェイリーが、北村季吟《きぎん》『源氏物語湖月抄《こげつしょう》』や本居宣長『源氏物語玉《たま》の小櫛《おぐし》』といった注釈書を手にとり、『源氏物語』を読み進めていくのは、それから間もなくのことである。

ウェイリーは少年の頃から古典に親しみ、古代アイルランド語の碑文の読解に熱中するなど、異なった言語に興味をもつような子供だった。

もとより彼は、言語の才能に恵まれていた。ケンブリッジのキングス・カレッジを退学する二十一歳のときに、イタリア、オランダ、ポルトガル、フランス、ドイツ、スペインの六カ国語が楽に読め、フランス、ドイツ、スペイン語の三カ国語を流暢《りゅうちょう》に話すことができた。

さらにはギリシア、ラテン語のほかにヘブライ、サンスクリット語の知識を備えていた。館員になってからは、独学で日本、中国語にも通じるようになった。ウェイリーにとって、「日本の古文は文法も易しく語彙《ごい》も少ないので、数カ月もあれば習得できる相手」だったという。

ウェイリーが大英博物館の館員に採用されるにあたり、ケンブリッジの三名のチューターたちの推薦状が残っている。そこには、いずれもウェイリーの並はずれた能力や見識、集中力などが指摘されている。

「注目に値する知能と見識の持ち主であり、美術と音楽に極めて強い関心を持つ」

「稀《まれ》にみる学問への熱中、その関心の領域は広く、その研究は独自のもの、新鋭の知的理解の能力をもち、新鮮な対象に没入する」

「人並すぐれた知識と独創力をもつ若者、その関心のすばやさ、その観察したものから彼自身のものをつかみとる包容力は非凡というほかない」――えてして推薦状というのは、本人以上に装飾されがちになるが、後年のウェイリーの研究や仕事の全貌をみるとき、これらの所見はそのまま正確にあてはまる内容になっているといえるだろう。

世界屈指の名作『源氏』を翻訳できるのは自分しかいない

休暇でスキーに行く前に、日本へ注文しておいた『源氏物語』がウェイリーのもとに届いた。ロンドンからスイスまでの旅程中、『源氏物語』を読んでいたのだが、自分がどうやってドーヴァーで連絡船に乗り込んだか、列車を乗り継いだか、一切記憶に浮かばなかった。そして、はっと気がついたときには、スイスのモントルーについていたのである。

こんなふうに、一旦『源氏物語』を原文で読み始めたら、紫式部の天才性に魅了され、夢中になって惹きこまれてしまった。そして、ウェイリーはその高い文学性に大きな確信を持ったのである。

〈これはまさに東洋最高の、そしてヨーロッパの小説と比較しても、世界名作十点

の中にその位置を占める長編小説だ〉

『源氏物語』は世界屈指の名作だ、と確信し自分がその翻訳者として運命づけられたと予感し、この作品の翻訳を決意するのである。

以後十一年を費やす翻訳は、それはすさまじい集中力で進められていった。メイドが部屋で掃除機をかけていても、まったく気づかないほどに。

翻訳中、ウェイリーには、紫式部がすぐそばにいるような気がした。絶えず頭の中で、彼女と対話していたのである。

「私のいいたい要点の半分があなたの訳では失われました」

と式部がウェイリーを叱る。

「もしそれ以上うまくできないのなら、すべて諦めるべきでしょう」

「そうです」

とウェイリーは頷《うなず》く。

「確かにこの英文の一節は、あなたの真価を表わせていません。英語にするとどうしても見劣りしてしまう部分があります。そういうところは、英語にした方が日本語よりもずっと生き生きしてくる部分と差し引いて考えてくれませんか。でも、もっとうまく訳せる人をご存じなら……」

「そこがまさに困ったところなのです」

と式部が笑っていう。

「今のところ、ほかに心当たりがないのです。あなたが続けるしかありませんね」

この仕事は、言語能力だけでなく知性・感性をはじめ、人間としての全能力を発揮しなければならず、時に気力がくじけることもあった。

だが、心の中の式部が語りかけたように「自分が続けるしかない」と思い直し、〈必ずや世界十大傑作にかぞえられるに相違ない作品を訳しているのだ〉という信念を繰り返し自分にいい聞かせて、精魂を込めてペンを走らせていくのだった。

一千年の夢を破り、世界に登場した『ザ・テイル・オヴ・ゲンジ』

一九二四年（大正十三）、ウェイリーはジョージ・アレン・エンド・アンウィン社に、『源氏物語』の英訳本を出したいという話を持ち込んだ。アンウィン社は、一流の学者や作家の著作を刊行することで知られる名門出版社である。

当時ウェイリーは、すでに数十首の漢詩や和歌、能楽の英訳を発表して文芸誌で高い評価を受けていた。とはいえ、社主のスタンレー・アンウィン（一八八四～一九六八）は、まだ世に知られていない十一世紀初期の日本女性が書いた文学作品の英訳本を出すことに、少しとまどっていた。

「『源氏物語』という名は聞いたことがありませんが、それは本当に傑作なのですか？」

とアンウィンは、念を押すように尋ねた。

「そう、かつて世界で書かれた二冊か三冊の大小説の一冊ですね」

ウェイリーは表情も変えず静かにいい切ったので、アンウィンは一瞬我が耳を疑い、驚いて「えっ！」と思わず声が出てしまった。

「それでは、どうしてもやらないといけませんね」

アンウィンは、相当なリスクを冒しても出版する心づもりになっていたが、万一の失敗も考え、手堅くセーブした出版計画を立ててウェイリーに承諾してもらった。初版は英米両国で、約二千五百五十部用意することになった。

目が利くアンウィンは、ウェイリーが持ってきた『源氏物語』の訳稿を読んで驚き、それがすぐに喜びにかわった。

「ウェイリーさん、なんてすばらしいものを持ってきてくれたんですか。これはすごい」

第一巻が出たのは、翌一九二五年（大正十四）。装丁は濃紺の布表紙に金文字で『源氏物語』、背文字には同じく金文字で『ザ・テイル・オヴ・ゲンジ』というタイトルが入っている。

日本古典文学が、世界に進出した歴史的快挙である。忽然《こつぜん》と東方から登場した紫式部の文才は、欧米の文壇で、衝撃をもって迎え入れられ、各新聞・雑誌上の夥《おびただ》しい書評で激賞と喝采を浴びる。そして、非西洋文明にもこれほど洗練された文明が、一千年も前に存在したことに欧米の人々は驚嘆することになる。

「ここにあるのは天才の作品」（『モーニング・ポスト』）であり、「疑いもなく最高級の文学」（『ニューヨーク・タイムズ』）である。「その完成度を凌駕《りょうが》するのはただ西洋の作家の中でも最大の作家のみであろう」（『タイムズ』文芸付録）と絶賛したのである。

そして、早くも第一巻初版が出た翌年には、ウェイリー訳のスウェーデン、フランス、オランダ、イタリア語訳が続々と刊行されたのである。

ついに一九三三年（昭和八）五月、最終第六巻が出された後も、こうした評価は変わらなかった。

「『ザ・テイル・オヴ・ゲンジ』は、われわれの時代の最も卓越した書物の一冊という位置を占めている」

と『サタデー・レヴュー・オヴ・リテラチャー』は位置づけている。

ウェイリーの翻訳は、珠玉の光を放っている。単なる逐語訳ではなく、原文に忠実でありながらも複雑で曖昧な文脈をよく読みこなして、味を出しながら新しい作品世界をつくり出している。ウェイリーは「翻訳者の役割は作曲家に対する演奏家のようなものだ」として、言葉とリズムに対する重要性を指摘している。

彼の文体は美しく、原文に新しい光を浴びせて、一つの創作的な英文学作品につくり上げているのも、読者を魅了する力になっているのである。実際、ウェイリーが亡くなった直後に『サンデー・タイムズ』紙の追悼文の中で、彼の英文こそが当代の最も美しい散文であると讃えられたのだった。

ウェイリー訳は今も色あせることなく、英文学の古典としての地位を占めている。まさに不朽の名作といえるだろう。

「私の知る文学青年のほとんどが『ザ・テイル・オヴ・ゲンジ』に魅せられていた。ウェイリーの六冊本の翻訳は強烈な審美的体験だった」

とC・P・スノウ（一九〇五～八〇、物理学者、小説家）がいっていたように、イギリスの知識人にとって『ザ・テイル・オヴ・ゲンジ』はすでに身近な存在になっていった。

そして、後年ドナルド・キーン（一九二二〜二〇一九）やE・G・サイデンステッカー（一九二一〜二〇〇七）に、日本文学研究者の道に進ませるきっかけをつくったのが『ザ・テイル・オヴ・ゲンジ』だった。ウェイリー訳第一巻が出てから半世紀後にサイデンステッカー自身も、十年の歳月をかけ一九七六年（昭和五十一）に『源氏物語』の完訳を成し遂げるのである。

「『あなたでしたの、王子さま』と彼女はいった。『ずいぶん長くお待ちになりましたのね』」

これは、ウェイリーが『ザ・テイル・オヴ・ゲンジ』第一巻初版本の扉に載せたシャルル・ペロー（一六二八〜一七〇三）の童話『眠れる森の美女』の中の一節である。

ウェイリーに発見されるまで、『源氏物語』を知る人は欧米で皆無であった。千年眠り続けたその目を覚まさせ、『源氏物語』の真価を蘇らせ、世界第一級の文学として全世界に知らしめたのが、ウェイリーという〝王子さま〟だったのである。

会津武士道を西洋に伝えた人

白虎隊の悲史に生涯魅せられたリヒャルト・ハイゼ

練り上げられた武士道とともに敗北した会津藩

会津藩は、徳川二代将軍秀忠《ひでただ》（一五七九～一六三二）の四男・保科正之《ほしなまさゆき》（一六一一～七二）を藩祖とする親藩である。正之は山崎闇斎《あんさい》（一六一九～八二）について尊《そん》王《のう》的な学問を学んだ、思想的教養人であり名君だった。この正之の学問は以後代々会津松平家の家学になり、歴代藩主が神道によって葬られ、戒名ではなく神号が贈られるようになっていた。

五代藩主松平容頌《かたのぶ》（一七四四～一八〇五）のときに、藩校日新館《にっしんかん》が雄大な規模に整備され、徹底した武士道教育がなされた。幼児教育では、毎日、「什の掟（誓い）」を就学前の藩士子弟たちに朗誦させ、徳育教化した。

「一、年長者の言ふことに背いてはなりませぬ」からはじまる七つの掟が並べられ、

最後は、

「ならぬことはならぬものです」

と厳しく戒める内容になっている。

そして、藩校に入学した者は、会津独自に編纂された『日新館童子訓』という教科書で、古今の忠孝譚を通して武士道の神髄が教えられた。

幕末期に、この武士道教育は目に見えて発揮される。武勇の点において薩摩藩と並んで二大強藩とされ、鳥羽伏見の戦い（一八六七）にあっては、常に最前線で勇猛に戦った。後に徳川の親藩が悉《ことごと》く薩長になびく中、最後まで時勢の激流に抵抗して戊辰戦争（一八六八〜六九）では官軍と絶望的な戦いでありながら戦い抜いた。

白虎隊《びゃっこたい》士だった永岡清治《せいじ》の回想録『旧夢《きゅうむ》会津白虎隊』によれば、戦闘中も脳裏を去らなかったのは、『童子訓』に記されていた武士たちの逸話だったという。こうした練り上げられた武士道とともに、尊王でありながら官軍との対峙を余儀なくされた悲史を抱えながら、会津藩は敗北していったのである。

白虎隊墓前でのハイゼのひそかな誓い

そんな武士道の聖地である会津若松に、よく晴れた夏の日の午後、リヒャルト・

ハイゼ（一八六九～一九四〇）は到着していた。

ある旅館に旅装を解き、縁側に出ると、目の前には、一大パノラマの絶景が広がっている。雲一つなく晴れ渡った遠くの空を背景に、濃藍《こいあい》の峰々がくっきり浮かびあがっている。

そこから城跡も見えた。かつては勇壮にそびえていたであろう城はすでになく、壕《ほり》や土塁《どるい》、石垣だけが姿をとどめていた。ハイゼはそれを眺めながら、過ぎ去った時空にわが身を移し入れ、その堅固な鶴ヶ城がそびえ立っていた時代の再構成を試みていた。

ハイゼが思い描いていたのは、幕末期会津城下の原風景だった。戊辰戦争前の城内外の人々の暮らしを瞼《まぶた》の裏に描いてみたのである。それから、場面は一気に官軍と会津軍の激戦が繰り広げられ、最後に死者が累々《るいるい》と横たわる惨状の光景へと移り変わっていった。

このときハイゼは、想像の中で「日本の歴史の肺腑をえぐるような一面を目撃」したような感情に包まれていた。

翌朝、ハイゼは白虎隊士が眠る飯盛山《いいもりやま》に出かける。

白虎隊とは、会津藩の十代半ばの少年兵士隊のことである。白虎隊には士中一・

二番隊（九十余名）があり、そのうち三十七名が出撃を命じられた。しかし、官軍を撃退することはかなわず敗走し、そのうちの二十名が飯盛山にたどりついた。城に戻ることは難しく、敵に捕らえられ生き恥をさらすよりも、武士らしく死のうと集団自刃した。その中の一名が蘇生して、白虎隊の悲劇の模様が後世に伝えられたのである。

約二百段の山の石段を上りきると広場になっており、その左手に十九基の白虎隊の墓が整然と並んでいる。一年中香華は絶えず、その墓前にハイゼはたたずみ、畏敬と感動に刺し貫かれていた。そこから、遠くにぼんやりと城跡が見渡せた。

これまでにハイゼは、赤穂浪士《あこうろうし》たちの墓前にも詣でたことがあるが、そのときの畏敬と感動にも増して一段と昂揚《こうよう》した気分に襲われていた。なぜならこの少年軍団は、いまだ人生の曙《あけぼの》に立っているにもかかわらず、死をみること帰するがごとく、一命を投げうって顧みなかったからだ、とハイゼは思っていた。

たとえようもなく厳粛な思いにさせてやまない、この小さな墳墓を前にして、ハイゼはこの人知れずひっそりとした片すみこそ、自分が永遠《とわ》の眠りにつく場所にしたいとひそかに誓ったのだった。

会津武士道をヨーロッパに伝えた『日本人の忠誠心について』

そもそもドイツ人のハイゼが来日したのは、日露戦争も間近い明治三十五年（一九〇二）、「お雇い外国人」として、ドイツ語を教育するためだった。東京高等商業学校（現在の一橋大学）、学習院、慶應義塾で教え、皇太子時代の昭和天皇（一九〇一〜一八九）にもご進講したことがあった。

初回の授業で、五十人もの生徒の名前を一度点呼しただけで、全員覚えてしまうという名物教師ぶりを発揮し、学生や同僚たちからも親しまれた。さらに北里柴三郎《きたさとしばさぶろう》（一八五二〜一九三一）や、その門下生のドイツ語論文のチェックや手直しをしたりして、多忙な日々を送っていたようである。

日本滞在は二十二年に及び、皇族をはじめ高位高官、学者たちから日本とドイツの橋渡し役として頼りにされた。ハイゼ自身、そうした人たちと触れ合う中で日本に魅せられ、西洋かぶれした日本人を何よりも残念がった。

キリスト教を棄教し、神道に改宗したほど日本にのめり込んでいた。結婚も四十三歳のときに、十七歳だった日本人女性和田ヨシ（一八九五〜一九四二）を伴侶とし、四人の子供をもうけている。

会津にやって来たのは、山川健次郎（一八五四～一九三一）から戊辰戦争での白虎隊秘話を聞き、その忠誠心に強く心を動かされたのが一つ目の機縁である。山川は白虎隊として籠城戦に加わった一人で、「良心の誠実さ、忠実な義務遂行、忠誠心、素朴さ、謙虚な心構え、こうした輝かしい特質を今もなお失わずに持ち続けている」「日本が誇るべき男」の語ったことだから、余計にハイゼの心を会津へと強く導いたのだろう。

二つ目は、イギリス人のアーサー・ロイド（一八五二～一九一一）が、会津行きをハイゼに勧めたことである。ロイドは東京高等商業学校に英語教師として奉職しており、ドイツ語教師で来たハイゼと同僚となり意気投合したようだ。ロイドは明治文学を翻訳した日本通の学者で、かつて会津を訪れたことがあった。

「会津は日本武士道の故地だから、行った方がいいよ」

と何度となく、会津行きをハイゼに促していたのである。

ハイゼが会津を訪れた正確な時期は分からないが、明治四十年（一九〇七）ごろと推定される。滞在中、彼は何度も鶴ヶ城跡や飯盛山に足を運んでいる。ここで、ハイゼは日本の美徳との決定的な邂逅《かいこう》を果たす。

この会津での白虎隊の墓が、自分をひきつけてやまなかった話は、ハイゼの『日本人の忠誠心について』という著作に記されている。そこには、「忠誠心の歴史」「忠臣蔵」「先代萩《せんだいはぎ》」「白虎隊」について記されているが、最も紙幅を割いて綴られているのが「白虎隊」の話なのである。

「忠誠心こそは、ほんものの日本人であることの証である」という言葉で始まり、皇室が名誉の源泉であり、武家の隆盛とともに発達した「忠誠心の歴史」をまず説いている。そして、ハイゼが忘れがたい印象を受けた忠臣蔵、先代萩、白虎隊の物語を紹介し、そこに流れる「ありとあらゆる美徳の中で最も高貴な」忠誠心について書いている。

松平恒雄（会津藩主松平容保《かたもり》の四男、宮内大臣、一八七七〜一九四九）は、その序文で、その内容に驚き次のように述べている。

「先生の日本の精神をみらるる着眼点の非凡なるに驚きました。ことに会津戦争における白虎戦士の模様を詳しく記述せられたところ、いかにしてかくまで調査せられましたか、先生のご努力に対して深く敬服せざるをえないのであります」

白虎戦士の記述は、ハイゼの卓越した観察眼と優れた感情移入、それから並外れた記憶力によって得られた山川やロイドから聞いた話の情報によるものだったのだろう。

同書はハイゼが一九二八年（昭和三）にスイス・ジュネーブに移り暮らし、六十二歳のとき（一九三一年〈昭和六〉）に著されたものである。会津武士道は、ハイゼによって初めて欧米に伝えられたのである。

ハイゼの著作は多くはなかったが、続けて、『日本の宗教について』という著書も遺している。忠誠心の根幹をなすのが武士道であり、武士道を形成するのは神道、儒教、仏教である。神道は清らかさを愛《め》で、儒教は敬虔《けいけん》さを重んじ、仏教は人間性を賛美するとハイゼは説いている。

ハイゼは、両著を通じて会津武士道や日本の宗教などの知識を伝えるだけでない。彼の論点には、常に西洋文明に対する強い批判が表明されていた。

「家族の和合、質素倹約、虚心無私、自己否定を奨励した時代に代わって、自己本位な個人主義、自己主張、工業至上主義が資本主義とつるんでひきおこす奢侈淫蕩《しゃしいんとう》――これらが大手をふってまかり通る時代がすでに幅を利かせだした」（『日本人の忠誠心について』）

など、ハイゼの慧眼《けいがん》は、西洋近代のもつ病根を見事に言い当てているのである。

『日本人の忠誠心について』と『日本の宗教について』は、いずれも出版社名は記されておらず、百頁にも満たない著作である。両著は、瀬野文教により合わせて一冊とした邦訳『日本人の忠誠心と信仰』（草思社、平成九年）が出されている。

当時、欧米では日本人の精神文化に対する、興味関心が高まっていた。これを受け、ジュネーブにいたハイゼは、精力的にヨーロッパ各地で講演を行い、西洋における日本理解を促そうと努めていた。自分の使命は、日本とヨーロッパの架け橋になることである、と考えていたようだ。著作はその方策の一つであったのだろう、と瀬野はいう。

ハイゼによれば、横浜正金銀行の大阪支店長をしていた人から聞いたこととして、ニューヨークに向かう船で、あるドイツ人から相談をもちかけられたという話を紹介している。

相談の内容は、

「あなたの国にある、若松の白虎隊の遺跡に石碑を捧げたいのだが、どうしたらよいだろう」

というものだった。

「何から、白虎隊をお知りになったのですか」

と、支店長は興味を引かれ問い返すと、

「ハイゼというドイツ人の書からです」

と答えたという。

確かにハイゼの著作や講演は、彼の生存中すでにヨーロッパで浸透し、「石碑を捧げたい」と請われるほどに、人の心を動かす影響力を持ち得ていたのであった。

最晩年は、建国間もない満洲国の大連で余生を過ごし、一九四〇年（昭和十五）四月二十三日、北京《ペキン》に旅行中、病に倒れ、現地の病院で息を引き取った。七十一歳だった。「飯盛山で眠りたい」というかつての願いは、日本の親友や多くの教え子たちの尽力によりかなえられた。

白虎隊集団自刃の地を見下ろせる一角に、墓石と銘碑が建立され、神道の作法にのっとり埋葬された。白虎隊に心酔し武士道とともに神道を愛したハイゼの魂は、その聖地・会津飯盛山に永久《とこしえ》の居場所を定めたのである。

ポトマック湖畔に日本の桜並木を

日米親善に生涯をかけた民間外交家エリザ・R・シドモアの活躍

上野や隅田川の桜に魅せられる

明治日本の上野公園で、桜の咲く春の詩的な魅力にひたる、ある若いアメリカ人女性がいた。樹木全体からほのかな薫りが漂い、花びらからさしてくる淡くピンク色にきらめく不思議な光線が彼女を幻惑し、めまいがするような感じにさせていた。

〈パリのブーローニュの森も、フィレンツェのカッシーネ公園も、ベルリンのティーア・ガルデンも日曜日の花の上野にはかなわないわ〉

と彼女は途中息をとめて目を閉じ、しばらくして感嘆の息を吐いた。

隅田川東岸に沿った向島《むこうじま》にも行ってみた。土手《どて》沿いには、桜並木が三キロメートル余り延々と続く。数え切れないほどの老若男女が往きかい、まさにお祭り気分一色である。清らかな川面《かわも》に浮かぶ数百艘《そう》もの舟に花見客が乗り、水に映る桜にも興じていた。

花見客は花のもとで飲み食いし、歌ったり踊ったり、それは楽しそうに過ごしている。その姿を、彼女は微笑ましく見ながら、うっとりしていた。

〈この川面に映る桜並木の景観を、そのままアメリカにも移せたら、どんなにすばらしいでしょう〉

この上野公園や隅田川の桜咲く春麗《うら》らかな情景に見とれていたのは、エリザ・ルハマー・シドモア（一八五六～一九二八）である。このように鋭敏な感性と聡明さを兼ね備えた彼女は、文学博士の学位をもつ地理学者でありジャーナリスト、紀行作家、写真家であり、女性として初めて米国立地理学協会（ナショナル・ジオグラフィック・ソサエティー）の理事に就任し、東洋研究の第一人者として活躍するようになっていった人だった。

エリザ・R・シドモア

明治十七年（一八八四）九月、シドモアは上海発の「東京丸」に乗り、横浜港に到着していた。すでにシドモアは紀行ジャーナリストとしてアラスカ・イヌイットの見聞記を書いて好評を博しており、次も異文化社会に暮らす人々を取材したいという好奇心に駆られていた。

当時、横浜領事館に勤務する外交官の兄ジョージに相談したところ、

「日本人の礼儀正しさや清潔な暮らしぶりは、ヨーロッパ人以上です。日本の文化や伝統芸術には、目をみはるものがあります。ぜひ一度、訪れることを勧めます」

と書かれた手紙が届いた。

ジョージの意見に励まされ、シドモアは日本行きを決意したのである。

初めて日本を訪れたシドモアは、このとき二十七歳。日本国内を長期間旅行し、土地の人々と接するうちに日本の伝統文化の源泉に感動する。さらに四季を彩る植物の絢爛《けんらん》豪華なさまと草木を愛でる、日本人の高い美意識にも魅せられていく。

中でも上野や隅田川の見事な桜に接し、

「日本の桜は単なる観賞用植物ではなく、日本人の精神性に深くかかわり、民族の美意識を象徴している」

と直感する。

シドモアは、この日本での印象を『シドモア日本紀行　明治の人力車ツアー』にまとめて、初版を一八九一年（明治二十四）に出している。日本を旅したり日本に

住んだりする外国人に向けて書いた本書は、シドモアの行き届いた洞察眼によってありのままの日本が紹介され、読者のよい手引きとなっている。欧米人にありがちな優位性を少しも強調せず、「世界でも際立つ興味深い」日本及び日本人を描き出しているのである。

――最初に出会う日本は、海岸線から離れた緑の島です。絵のように続く丘陵や頂上に至るまで、その光景はまるで夢の天国です――

――通り過ぎ行く農村の風景は、実用的とは思えないほど絵画的で、現実の住居というよりも、絶えず回る舞台背景のようです――

などと、夢のように絵画的な美しい日本の風景を描き、

――へべれけになっても全身から湧き出るのは歓喜と親愛の情だけです。このお祭り騒ぎにとっくみあいの喧嘩もなければ乱暴狼藉《ろうぜき》もなく、下品な言葉を投げ合う姿もありません――

と、ひたすら桜を愛で、行儀がよく温和で秩序だった花見客の姿に驚き、嘆賞しているのである。

ポトマック河畔に日本の桜を再現したい

日本で見た桜や人々の情景は、シドモアの脳裏に強く焼きつけられていた。帰国して、干拓工事中のポトマック河畔《かはん》を歩いているときに、突然向島で見た桜並木の情景が思い出されたのである。

〈そうだわ、ポトマック河に桜を植えれば、向島のように川面に映し出される桜並木になるはず！　うまくいけば向島に劣らない名所になるわ〉

まだ泥土だった工事現場の情景に、シドモアは向島で見たピンクの桜で綾《あや》なす景観を重ね合わせ、日本の美しい心をここにそっくり再現したいと考えていた。

早速シドモアは、工事完成予定地の監督庁である公共土地・建造物管理庁を訪ねた。シドモアは管理庁の長官に提案してみた。

「長官、ポトマック河畔に日本の桜を植樹したら、ワシントンD.C.は世界でも有数の美しい街になると思います。ですから、ぜひとも桜並木の計画を実現していただきたくお願い申し上げます」

長官は即答を控えながら、しばらく間をおいて答えた。

「あなたのご提案は、すばらしいものだと思います。できれば、私も美しい街にしたいと思っています。でも、そのアイデアの実現は難しい。まずその予算がありませんし、それを支持してくれる議員を確保することもできないからですよ」

断られても、シドモアが心に描いたポトマック河畔の桜の光景は消えなかった。彼女はその後も長官が交代するたびに陳情を繰り返し、諦めることなく一ドル募金などの活動も行い、桜の植樹運動を続けていったのであった。

〝桜の同志〟になった高峰譲吉との出会い

一九〇四年（明治三十七）に日露戦争が勃発するや、親日家のシドモアはそれに触発されて、後に小説『日露戦争下の日本――ハーグ条約の命ずるままにロシア人捕虜の妻の日記』をアメリカで出版している。日露戦争で松山の捕虜収容所に収容された、ロシア軍将校を訪ねるロシア人女性の物語である。

これは広く欧米社会で読まれ、読者は日本軍が誠実に戦時法規・国際法を守り騎士道精神を貫き、しかも日本の捕虜処遇が極めて人道的であったと賞賛し、大反響を呼んだ。これによって、国際社会における日本理解に貢献したとして、皇室から功績ある婦人に与えられる名誉勲章・勲四等宝冠章を授与されたほどであった。

ところが、日露戦争を境にして、日米間でくすぶり続けるような問題が起きてくる。それは、アメリカ西海岸のカリフォルニアなどで高まっていた、日本人移民排斥運動である。この時期、白人賃金労働者とアジア系移民との競合が厳しくなり、米国産業製品が中国市場で日本製品と競争するようになり、貿易摩擦も深刻になっていた。

アメリカ議会では、日系移民などを極端に制限する法案が提出される。こうした動きを懸念するシドモアは、高峰譲吉《じようきち》（一八五四〜一九二二）が立ち上げた「ジャパン・ソサエティー」に関心を持ち始めていた。

アメリカに在住していた高峰は、当時アドレナリンの純粋培養に成功していた人物である。「ジャパン・ソサエティー」を一九〇七年（明治四十）に設立して、日本人への理解を促す活動をしていた。高峰はかつて特許出願のとき、シドモアの兄ジョージから数々の助言を得て世話になっていたので、シドモアと高峰が知遇を得ることはたやすかった。

実は高峰も、アメリカに日本の桜を植えることに熱心に取り組んでいた。ニューヨーク州メリーウォルド・パークの自邸には、桜が植えられ、ここを訪れる誰もが桜の美しさに心打たれることを知っていたからである。

高峰は、

「日本人の精神の象徴である桜を、アメリカ人に知ってもらいたい」

と、機会あるごとにニューヨークの公園局に陳情を続けていたのである。

シドモアは、「ジャパン・ソサエティー」が主催する交流会に、欠かさず参加するようになった。高峰も機会あるごとにシドモアを訪ね、日本移民の排斥問題や日本の桜について話し合うのだった。こうしてシドモアと高峰は〝桜の同志〟になっていくのである。

桜植樹計画に大統領夫人が賛同

「ポトマックに桜を」というシドモアの願いが、躍進するときがめぐってくる。一九〇九年（明治四十二）、ウイリアム・ハワード・タフト（一八五七〜一九三〇）が大統領（第二十七代）に就任したのである。その夫人ヘレン・ハロン・タフトが、責任者としてポトマック河畔の公園整地計画を進めるということを、シドモアは新聞で知った。

〈タフト夫人とは横浜のアメリカ公使館で、数回お会いしたことがある。これは願ってもないチャンスだわ。彼女に桜植樹についての進言書を書いてみよう〉

早速シドモアは、タフト夫人に宛てて手紙を送った。

「大統領夫人、僭越《せんえつ》ではありますが、開発整備にあたり日本桜の植樹をご配慮いただけましたら幸甚に存じます。河畔に桜が咲くようになれば、東京の向島に匹敵するような素晴らしいポトマック公園ができあがることと確信するものでございます。何卒、私たちの願いをご考慮いただけますようお願い申し上げます」

日本の桜の美しさを語ったシドモアの提案に、タフト夫人は大きく心を動かされた。彼女もまた、以前日本を訪れた際に桜の美しさに心を奪われ、ワシントンに桜の木を植えたいと考えるようになっていたからである。

夫人の賛同を得たシドモアは、高峰とワシントン市内のホテルで会合した。そこには、水野孝吉ニューヨーク総領事も同席していた。シドモアが、タフト夫人に出した手紙の話を披露した。

高峰は身を乗り出して提案した。

「シドモアさん、タフト夫人が受け入れてくださるなら、私は千本の桜を寄贈したいのですが、いかがですか？」

「それはすばらしいご寄贈になると思いますわ。私からも、タフト夫人にお伝えしましょう」

シドモアも、願ってもないことと瞳を輝かし微笑んだ。

水野は、寄贈することには賛意を表しながら、こんな修正案を出した。

「今、日米の関係は移民問題で、ぎくしゃくしています。ですから、高峰先生個人による寄贈よりも、日本の外交チャンネルを使った外交的寄贈の方がよいと思いますが、いかがでしょうか？」

夢が叶った晴れの植樹式

この後、水野の提案通り、桜は外交的寄贈の線で話が進められていき、東京市が桜の苗木を寄贈することに決定した。

そして、ついに一九〇九年（明治四十二）、二千本の桜が東京市から送られることとなったのである。輸送には、日本郵船の社長近藤廉平《れんぺい》（一八四八〜一九二一）が無料で運ぶことを申し出てきてくれた。五〇トンに及ぶ二百個の大梱包《こんぽう》が船に積まれ、シアトルに到着した。

ところが、不運にも検疫検査で送られてきた苗木に害虫感染が判明したため、やむを得ずすべて焼却処分に。日米双方関係者の落胆は相当なものだったが、東京市は失敗の原因を調査した。

その結果、送った苗木はかなり大きめなものであったため、幼木のときから害虫に侵されている確率が高ったことと、木が大きい分、害虫の駆除と消毒が完全にできていなかったことが分かった。それから、早速健康な苗木を育成することに取りかかり、三年をへて、一九一二年（明治四十五）三月二十六日に、日本から三千二十本の苗木がワシトンD.C.に届けられたのだった。

日米親善を心から願ったシドモアは、盛大な植樹式を計画した。

「日米の新たな友情の始まりを、セレモニーによって歴史上明確にするべきです」

といって、その必要性を主張し、政府関係者を説得して式典を実現させたのである。

場所は、ワシントン記念塔の南面のタイダル・ベイスン（引き込み池）に架かった橋のたもとである。朝から青空の広がる好天に恵まれ、日米関係者（約百名）の喜びの中、はじめの一本はタフト夫人、次の一本は珍田捨巳駐米大使夫人によって苗木が植えられた。

「大使夫人、どうもありがとう。このサクラがきっと日本とアメリカの友情を永遠なものにします」

「ミセス・タフト、その通りです。この桜はきっと素晴らしい花を咲かせ、アメリカの人々の心を和《なご》ませることでしょう」

こう二人は言葉を交わし、外交史上最初の日本の桜が、アメリカの大地に植樹されたのだった。シドモアにとって、アメリカに日本の桜を植え、日米親善をはかりたいという二十七年間抱き続けてきた夢が叶った瞬間だった。目の前のこの晴れやかな光景を、彼女はどんな思いで見ていただろうか。

植樹した場所には今も植樹記念碑があり、

「この日本桜は東京市から寄贈され、タフト大統領夫人と珍田日本大使夫人が一緒に手植えした」

と記されている。

現在、毎年春を迎えると、ポトマック河畔は大勢の桜祭りの観光客で賑わう。水辺の桜は見事な花をつけ、まさに天上の楽園を彷彿《ほうふつ》とさせる。日米「桜の女王」のパレードも催され、祭りを一層盛り上げているのである。

日本に戻った「シドモア桜」

だが、その十二年後の一九二四年（大正十三）五月二十六日に、シドモアの夢を打ち砕き、深く落胆させる出来事が米国内で起こる。彼女が成立阻止に努力してきた排日移民法案が、議会を通過し、大統領によって承認されてしまったのだった。

これによって、米国の二十四万人余りの日本人移民の帰化権や農地の所有権・借地権が剝奪された。地元白人との結婚は、ほとんどの州で禁止され、日本からの妻、両親、家族の呼び寄せも不可能となった。これで、日系人の移民社会の継続は困難なものになったのである。

シドモアは義憤にかられこれに強く抗議し、ついに翌年、アメリカを離れスイスのジュネーブに移住する。友人の新渡戸稲造《にとべいなぞう》（一八六二〜一九三三）が、国際連盟の事務局長としてジュネーブに在住していたことも理由の一つである。

そして、一九二八年（昭和三）十一月三日に七十二歳で亡くなるまで、シドモアは二度とアメリカの土を踏むことはなかった。

生前、「遺骨は最も適切な方法で散布してください」とシドモアは遺言していたが、新渡戸夫妻らの意向で、遺骨は日本に迎え入れられた。彼女に限りない恩恵を感じる有志が、横浜山手外国人共同墓地に集い、盛大な納骨式を営んだ。

会葬には、当日激しい雨にもかかわらず、エドウィン・ネヴィル米国臨時代理大使、ホイットニー・ヤング米国領事、ハミルトン・ホームズ英国領事夫妻、新渡戸夫妻、幣原喜重郎《しではらきじゅうろう》外相代理、埴原正直《はにはらまさなお》元駐米大使、有吉忠一《ありよしちゅういち》横浜市長ら内外著名な人たち百名近くが参列し、シドモアの慈愛に満ちた面影を偲《しの》び、隠れた功績を称えた。

シドモアが亡くなって六十三年後の平成三年（一九九一）に、ポトマック河畔の桜が日本へ里帰りを果たした。それは、シドモアが葬られた墓地に植樹され、「シドモア桜」と呼ばれている。

二十七歳で初来日して以来亡くなるまでの四十五年間の長きにわたり、日本との絆を終生絶つことなく日米友好に努めてきたシドモアは、母と兄とともにこの日本の地で眠っているのである。

第二章

ありがとう！　日本のために

日本近代医学の父

「西洋医学教育の創基」を築いた
ポンペ・ファン・メールデルフォールト

神として祀られたオランダ人

町医・荒瀬幾造（一八四一～八四）の山口県三田尻《みたじり》にある生家の庭には、「ポンペ神社」という祠《ほこら》があった。ここに祀られていたポンペとは、ポンペ・ファン・メールデルフォールト（一八二九～一九〇八）というオランダ人である。荒瀬はポンペから長崎で医学を学び、三田尻に帰って開業した。

その恩を忘れないとして、屋敷の庭内に一祠《いっし》を建てて、家族だけでひそかに朝夕拝み、自身が存命中は「ポンペ祭」を毎年欠かさず営んだ。

邦訳されたポンペの幕末日本見聞録である『ポンペ日本滞在見聞記』（新異国叢書、雄松堂出版）は、幾造の孫に当たる荒瀬進（戦前の京城《けいじょう》帝大医学部助教授、一九〇〇～八六）によるものである。

進は幼い頃に、祖母からポンペの人柄や行状、親切さなどを毎夜聞かされた。これによって進は、ポンペを世界最大の偉人であると思うようになったという。京城帝大を退職して帰国後、進は祖母から聞いたポンペの滞日記録を読みたいと思い、オランダ語を独学してついに『ポンペ日本滞在見聞記』を訳出したのだった。

神として祀られ、孫に至る三代にわたりその遺風が伝えられたポンペというオランダ人は、いかなる人物だったのだろうか。

西洋医学を体系的・規則的に初めて教授

一八五三年（嘉永六）、ペリー提督率いる黒船四隻が浦賀にやってきた。それに度肝を抜かれた幕府は、列強の威圧と脅威に対抗するために、近代的海軍を創設しなければと考えていた。そして、それを実現させるべく、幕府はオランダ商館長ドンケル・クルティウス（一八一三〜七九）に協力を依頼した。

それは、洋式軍艦の購入と建造、それから海軍士官の教育である。オランダは日本における勢力維持と、衰退してきた日蘭貿易の振興と外交上の理由から、これを承諾した。

早速、海軍練習艦としてスームビング号（観光丸）がオランダから贈呈され、軍艦二隻の建造も約束された。また、海軍教育に必要な教師団を派遣することも、通告してきた。

当時海軍少佐であったファン・カッテンディーケ（一八一六～六六）は、時の海軍大臣から日本への派遣教師団の確保と、人選に入るよう命じられていた。カッテンディーケは、このとき医官としてポンペを連れていくことを考えていた。

「医官として、日本に同行してもらえまいか」

カッテンディーケがこう懇望したとき、ポンペはためらうことなく承諾した。ポンペにとって、カッテンディーケは恩人とも呼べる人だったらしい。

ポンペ自身、

「私の生涯を通じて常にカッテンディーケ氏が私に並々ならぬご親切を示してくださったことを思い浮かべるとき、私は彼に深甚なる感謝を捧げないわけにはゆかないのである」（『ポンペ日本滞在見聞記』）

と告白している。

カッテンディーケは、人員の徴募に着手し、五名の士官の他、下士官・兵卒を含む総員三十七名の乗組員を集めることができた。

一八五七年（安政四）三月二十六日、ヤパン号（後の咸臨《かんりん》丸）に派遣隊一行が全員搭乗し、ヘレヴートスライス港を出発した。ヨーロッパ最後の寄港地リスボンに寄った後、喜望峰、バタビア、マニラを経て目的地の長崎港口付近に夜陰の中、投錨した。出帆してから九十七日目のことである。

夜が明けるや、ポンペは甲板に上がり湾口の景観を眺めて、思わず「ほおっ」とため息をつきうっとりしていた。港を取り囲む山は、水際から山頂まで緑一色に塗りつぶされている。人家や寺院、砲台が点在し、垣根に囲まれた畑が見える。

朝の静けさと安らぎを味わいながら、絵のような景色に見とれ、

「これほど美しいものはまたとない」

と思った。

そして、何年かここで暮らすことになっても、実際悔いることはないような気がした。このときポンペ二十八歳。

西洋医学を我が国に伝えたのは、ポンペが最初ではない。長崎出島の蘭館の医者としてフォン・シーボルト（一七九六〜一八六六）、O・G・J・モーニッケ（一八一四〜八七）、ファン・デン・ブルーク（一八一四〜六五）たちが、それぞれ長崎在住の医師や諸藩の医学生に医学教育をしたことはよく知られている。

だが、ポンペは西洋医学を体系的・規則的に初めて教授したという点で、シーボ

ルトら前任者よりもはるかに意義が大きく、日本の近代医学に多大な影響と足跡を残すことになる。ポンペの長崎での開講は、日本蘭学界に大きな衝撃を与えた。

適塾《てきじゆく》の緒方洪庵《おがたこうあん》（一八一〇〜六三）は、このポンペによる医学教育が始まって間もなくの頃、

「是こそ我が蘭学一変の時節到来して、千載《せんざい》の一時とも謂《い》ふべき機会なれ」

と日本の蘭学発展の絶好の機会であると喜び、嫡子の惟準《これよし》（一八四三〜一九〇九）と弟子の長与専斎《ながよせんさい》（一八三八〜一九〇二、肥前大村藩の侍医の息子）をポンペのもとに行かせているのである。

画期的な無差別診療

幕府はスームビング号を受領すると、安政二年（一八五五）、長崎に海軍伝習所（長崎奉行西役所）を開設。そして、安政四年（一八五七）、同西役所内に医学伝習所も併設された。

ポンペに学ぶべく集まったのは、江戸から来た医学生、各藩から派遣された医学生、長崎在住の医師たち、総勢十二名（後に学生数は逐次増加する）だった。彼らに対して初めて講義を行った日（十一月十二日）は、現在、長崎大学医学部の創立記

念日とされている。

医学教育は、基礎的な学問から専門にいたるまで何十人もの教師が必要だが、謹直で篤実《とくじつ》なポンペは、超人的にもすべての学科を一人でこなしていこうとした。これは、世界の医学教育上においても、稀有なことであったろう。

しかもポンペは、それに加え長崎の街に往診に出かけていった。往診は、ほとんど貧窮している庶民の家であり、一切無料にした。

「人々は私を必要としている」

ということを繰り返しポンペはいった。

このポンペの医療活動は画期的だった。それは、身分や貧富の別なく診療したということである。当時の日本では、これは当たり前ではなかった。江戸期の日本では、その身分ごとに医者がいた。朝廷（天皇）、将軍、旗本、大名、藩士、足軽・庶民、それぞれ身分に応じて医者がいて、将軍を診る奥医師《おくいし》（直参《じきさん》の医官）が、旗本以下の者を治療するということはあり得なかった。

だから、ポンペの学生でさえ、最下級の身分の患者をポンペが診療することは、

「ご身分にかかわる」

といっていたほどだった。

ポンペは外国人ながら、直参扱いされていたからである。本来なら幕臣のみを診るべきなのに、庶民を診ることを幕府が公認すれば、幕府自身が幕藩体制を否定することになりかねない。

しかし、ポンペは、

「医師にとって、ただ病人があるだけである。患者の階級や貧富のいかんは、なんの関係もない」

と長崎奉行に強硬に訴え、学生たちにも説いた。

結局この問題は、幕府の慈悲により病人はすべて松本良順《りょうじゅん》（一八三二〜一九〇七）のもとにゆくとし、実質ポンペが診察する、ということで決着した。良順は、医学伝習所に学びに来ていた幕府の奥医師である。

ポンペの教育法とめざましい進歩をとげる学生たち

ポンペは学生たちを試験してみたが、彼らはオランダ医学書からちょっとした知識を得ているにすぎないことが分かった。また、オランダ語を相当知っている者でも、ポンペのいうことも理解できなければ、自分から話すこともできなかった。学生たちは、一部の者を除き、不可解な言語と講義内容と格闘しなければならなかったのである。

ポンペについた通訳も、彼のいう医学用語がよく理解できず、とんちんかんなことを伝えた。ポンペは学生の語学力不足を痛感したので、オランダ語学習の必要性を説き、伝習所にいるオランダ人たちと会話をして練習せよと勧めた。一方で彼も、日本語を修得しようと最善の努力を払った。

難解な内容をできる限り平易な表現でポンペは語り、それを文章や図にもして説明した。そうして、やがて少しずつ効果が表れ、二、三カ月もすると、ゆっくり明瞭に話せば、学生たちも理解できるようになり、またポンペも日本語を多少話すことができるようになっていった。

オランダ医学校で使用される教科書は使用せず、日本人医学生の学力に合わせてポンペ自ら手引書を作成した。理解を容易にするため、掛図や図版、厚紙でつくった小さな器具などを使った。前に教えたところが十分に理解されるまで、ゆっくりと根気よく教え進めていった。

学生たちも、すこぶる熱心であった。ポンペが口頭で説明したことの意味をほぼ会得し、時には質問をしたりすることもできるようになり、辞書も次第に使わなくてもよくなった。

以前なら、ポンペの質問に人前で答えることを遠慮していた者まで、進んで答えるようになった。またある者は、自分の知識や進歩を見せつけようとして、先走って答えようとする姿も見られるようになった。

学生が物理学の応用に大きな関心を示したことに、ポンペは驚いている。帰宅後にきちんと復習をして、分からない点は紙に書きとめ、翌日ポンペに尋ねた。熱心に学ぶ学生たちの進歩は著しく、ポンペはそれに目を見張っている。殊に松本良順と江戸で良順に師事していた司馬凌海《しばりようかい》（一八三九〜七九）の進歩には、目覚ましいものがあった。

ポンペは、

「解剖実験をともなわない医学教育はあり得ない」

といい、解剖実習の必要性を長崎奉行所や幕府に説き、死体の提供を求めた。しかし、日本人の死体を外国人に腑分《ふわ》けされるのは、当時の観念からためられたが、なんとか許可がおりた。

ポンペを医学生と長崎及びその近在に住む医師らが取り囲み、解剖を見学することになる。

「解剖実習では、その目的を忘れてはなりません。深く心にきざまねばならぬのは、遺骸《いがい》は科学的研究のために供されたものであり、慎み深い態度で実習を行わねばならぬ点です。軽率で無作法なふるまいは、死者を冒瀆《ぼうとく》するだけでなく、医師の品位を損う行為でもあります」

一同、この言葉に厳粛な気持ちになり、一切品位を落とす無作法な言動は見られなかったという。解剖はポンペが主導し一部学生に任せたが、彼らは実習の経験がないにもかかわらず、ものの見事にやりおおせてみせた。

日本初の洋式病院の設立

ポンペは、安政四年（一八五七）に、病院の設立を長崎奉行岡部長常《ながつね》（一八二五〜六七）に建議する。その設立の趣旨は、医学教育のためにも病人を治療するためにも極めて有効である、と述べられている。

幸いに、岡部は開明家であった。岡部が江戸に出向き建白書を幕府に出して、要路の者を説いてまわってくれたのが、功を奏した。早速、老中から長崎奉行のもとに、病院建設の命が下った。病院設立の実現を早めたのは、安政五年（一八五八）のコレラの流行もあった。

小島郷の丘の上に、文久元年（一八六一）八月十六日、わが国最初の二階建て洋式病院である長崎養生所（長崎大学医学部の前身）が開設された。隣接して、寄宿舎が整った医学校もできた。

貧民は無料で診療がなされ、近隣はもとより、中国、四国あたりの遠方からも患者がやって来て、病院はたちまち繁盛した。

開院によって、ポンペの日常生活も変わった。講義のうえに診療が加わった。回診がすむと殺到する外来患者の診療を行う。それから約二時間の臨床講義を行って、その後午後三時までは休養。三時から五時まで講義を行い、それがすむと午後の回診。これで、ポンペの日課が終了する。

このように身を粉にして無償で働いたポンペの姿は、医業は救民のためにあることを学生らに教えた。彼は、病人の看護と治療には厳格だったが、慈悲深い医師だった。院内でこそ学生には厳しかったが、診療以外では彼らのよき友でもあった。

ポンペは学生に戒めて、医師の使命についてよくこういった。

「医師とはどのような職か、よくよく承知していなければなりません。いったん医師となったからには、わが身はもはや自分の体ではなく、病める人のものです」

この言葉は良順ら門弟に深い感銘を与え、後に長崎大学医学部医学科の建学の基本理念にもなった。

日本に滞在した五年間で、ポンペは、一万三千六百人を診療した。学生たちもこれに付き添い、多くのことを学んだのである。

医療は貧民のためにある

文久二年（一八六二）、ポンペはこの年の暮れまでに、オランダへの帰国希望を幕府に伝えた。幕府からは、あと二、三年の滞在を要望されたが、ポンペの決心は固く、この要請を断った。ポンペには、日本におけるオランダの衰退ぶりが気にかかっていた。他の列強勢力に押され、オランダの日本での有利な立場が失われる運命をたどってゆくのを、見るに忍びなかったからである。

帰国の前日、ある老人がポンペを訪ねてきた。お別れの挨拶に来たという。話を聞くと、思い出した。眼を病んでいた老人を往診したとき、悲しみに伏せていた。話を尋ねると、実は娘が日本人医師への診療代を支払うために、遊女屋にわが身を売ってしまったので、いっそ死んでしまいたい、ということだった。

それを聞いて、娘の自己犠牲の精神に打たれたポンペは、その身請金《みうけきん》を払い、父のもとに娘を帰してやったのだった。この父と娘は、ポンペの恩愛に感謝し続け、不自由な体をおしてよろめく足でポンペを訪ねて来たのである。

長崎大学医学部（坂本町）のキャンパス内に、ポンペの肖像銅板をはめ込んだ記念碑が建っている。昭和九年（一九三四）、時の長崎医科大学（現・長崎大学医学部）学長・林郁彦が私財を投じてつくられたものだが、そこに木村精一の撰《せん》した碑文が、ポンペの五年間に及ぶ業績を簡潔に次のように記している。

「和蘭軍医ポンペ・ファン・メールデルフォールトは一八五七年長崎に着任し、洋式医学学校並病院の濫觴《らんしょう》たる伝習所及養生所を建設して滞在五年、この間実に百三十余名の俊才を育成した。真に本邦に於ける西洋医学教育の創基である」

実際ポンペの弟子たちの中に、その後日本の医学行政、医学教育などの発展に寄与した人物が多数輩出されている。彼の一番弟子ともいうべき松本良順は、その後、江戸の医学所頭取や初代陸軍軍医総監などを歴任し、日本の陸軍軍医制度の確立に貢献した。

良順に従い長崎に赴いた司馬凌海は、大学東校（東京大学医学部の前身）、宮内省、元老院書記官、愛知県医学校教授を歴任し、日本最初の独和辞典『和洋独逸辞典』を出版するなど、日本におけるドイツ学の草分け的存在となっていった。

良順の勧めで長崎に留学してきた佐藤尚中《たかなか》（一八二七〜八二）も、後に大学東校の初代校長を務めたほか、順天堂医院の開設者、天才外科医としても歴史に名を残している。

緒方洪庵が送り込んだ長与専斎は、内務省初代衛生局長、東京医学校校長を務め、防疫・検疫制度の導入など、日本の衛生医療行為を創始した。現在一般的に使われている「衛生」という日本語は、専斎の発案によるものである。

「医をもって人を救い世を救う」「患者に上下はない」とポンペと同じ信条を持った教え子もいた。貧しい人達からは診療費を取らず、無償で数千人に種痘を施し「関大明神」と慕われた関寛斎《かんさい》（一八三〇～一九一二）が、その一人だ。寛斎のような医師が、ポンペの弟子の中から生まれたのも故なしとしないだろう。

明治憲法制定の恩人

「日本の歴史によって日本自らの憲法をつくりなさい」と教えたローレンツ・フォン・シュタイン

ベルリンで意気消沈する伊藤博文

明治天皇が神に誓うという形で発表されたのが、「五箇条の御誓文」だった。これは、明治政府の新しい国家づくりの方針を謳《うた》ったものだが、その最初に「広く会議を興《おこ》し、万機公論《ばんきこうろん》に決すべし」とされていた。

そのため、憲法のもと議会を開く立憲政治が求められていたが、明治十四年（一八八一）十月、ついに国会開設の勅諭が出され、それが実現される運びとなった。政府は同二十三年（一八九〇）を期しての国会開設を公約し、欽定《きんてい》憲法制定の準備を進めていくことになる。

憲法起草準備はすでに始められており、明治十四年（一八八一）七月、岩倉具視《ともみ》（一八二五〜八三）は井上毅《こわし》（法制官僚、一八四三〜九五）の起草した「岩倉具視憲法意見書」を上奏。この意見書が、政府の制憲作業の基本方針となっていく。そして、その具体的推進者として期待されたのが、伊藤博文であった。伊藤は、井上が作成した調査項目を指示されて、欧州に派遣されることになる。

翌十五年（一八八二）三月十四日に、伊藤は憲法政治の理論と実際を調査するため、渡欧の大命を受け横浜港を出発した。山崎直胤《なおたね》、吉田正春、伊東巳代治《みよじ》ら九名の随員を伴い、五月十六日に先ずプロシアに到着した。ベルリン大学の憲法学者ルドルフ・フォン・グナイスト（一八一六～九五）に会うためである。

このグナイストから伊藤は、憲法制度に関する講義を受けるが、その内容は伊藤が期待したものではなかった。グナイストは、いささか突き放すようにいった。

「憲法は法文ではない。精神であり、国家の能力である。遺憾ながら、私は日本国のことはよく知らない。日本の歴史について説明してもらえれば、それについて考え、ご参考になることは申し述べてもよろしい。ただし、それが憲法編纂の根拠になるかどうかは、私には自信がない」

こうした言葉や態度に、伊藤は冷淡に軽くあしらわれたと感じ、憤慨した。

〈確かに日本はヨーロッパではない。日本人には、憲法編纂能力がないというのか⁉〉

グナイストの講義は談話風の内容で体系的ではなく、しかもドイツ語で話すので通訳を通じて理解することも難しかった。弟子のアルベルト・モッセ（一八四六〜一九二五）の講義も、法律の逐次的解釈に終始した無味乾燥なものであった。

伊藤にとって、ベルリンでの調査はとても充実していたといえるものではなく、次第に自信を喪失し意気消沈していくのだった。

シュタインから論理的確信を得て帰朝

ベルリンに来て二カ月程過ぎようとしていたが、憲法調査はほとんど実績が上がっていなかった。伊藤は焦燥感を募らせ、悶々とした日々を過ごしていた。

そんな折、ウィーンの日本公使館員が伊藤に助言した。

「閣下、オーストリアのウィーン大学に、ローレンツ・フォン・シュタイン（一八一五〜九〇）という国家学・社会科学の学者がいます。あのシュタイン先生なら、閣下の意向に沿う教えが聴けると思います」

伊藤はこれを聞き、帰国予定を延期して、藁《わら》をもつかむ思いでウィーンに向かった。そして、八月八日に到着するや否や、その日のうちにシュタインに面会した。

シュタインはグナイストと打って変わり、伊藤を歓待してくれた。シュタインは若い頃、新聞記者の経験を持ち視野が広く学問も多岐にわたり、人となりは明朗闊達で親しみやすかった。それに、シュタインは以前から日本に興味を持っていたから、極めて好意的に伊藤に接し、講義も伊藤が理解できる英語で行ってくれた。シュタインの分かりやすい語り口に、伊藤は非常な感銘を受けることになる。

シュタインは、伊藤の訪問の目的を的確につかみ、それに焦点を合わせてこう教え諭した。

「日本の憲法を起草するには、ヨーロッパの法制度を機械的に習得するだけではいけません。外国の法をまねるのではなく、まず自国の歴史と伝統を省察《せいさつ》する学問を根幹にすえることが必要です。そしてその上で、ヨーロッパで学問を広く参考にするのです。日本人は、日本の歴史によって日本自らの憲法をつくりなさい」

ローレンツ・フォン・シュタイン

伊藤は、このシュタインの言葉に、憲法起草の方法について光明を見出す。これまで悩んでいた問題点をたちどころに解明してくれて、快哉《かいさい》を叫ばずにはおかないものがあった。

〈なるほどそうか、憲法の土台には自国の歴史や伝統があるのか。西洋の引き写しではなく、日本の歴史・伝統に根差して憲法をつくればいいのか……〉

こうして、苦悩の中から光を見出した伊藤は、その喜びを岩倉具視に宛てた書簡（明治十五年八月十一日）に、次のように記している。

「イギリスやアメリカ、フランスの過激な自由思想の著述をそのまま金科玉条のように誤って信じ込み、国家を危うくする自由民権論者たちの勢いが、今日、わが国の中で盛んになっています。しかし、私はこれを乗り越えられる『論理と手段』を手に入れました。これは憲法制定に向けて、大きな効果を発揮する重要なものです。これによって私はまるで『死処を得た』かのような心地になっています。将来に向けて明るい展望が持てて、楽しみにしているところです」

続けて山田顕義《あきよし》（一八四四～九二）にも、「幸いに良い師に会うことができました」と手紙（八月二十七日）を書き送っている。よほど嬉しかったのだろう。

伊藤とシュタインは、意気投合した。シュタインは国家学を教える一方で、伊藤から日本のことを聞き出すことを欲していた。法を国民精神の発露と捉える歴史法学的思考を基本に置いていた彼は、日本の歴史や文化、伝統に興味を抱いていたのである。

シュタインは伊藤から日本の国柄を聞き、それを讃嘆していった。

「日本は、なんとすばらしい国でしょう。日本の天皇こそ、世界の中で模範となる王です。他国の王室の多くが、国家ができあがってから、そこに王室が迎え入れられています。しかし、日本の国は天皇によって建国されました。これを重大視しなければなりません」

シュタインの教えは、伊藤に明確な自信と理論的根拠を与え、明治憲法起草の原動力になっていった。その国固有の歴史に立脚した立憲制を説くシュタインの法理論は、憲法の起草に決定的な影響を与えたのである。

シュタインは、伊藤にいった言葉から分かるように、歴史研究に重点を置き、民族固有の法研究を行う「歴史法学」派に属する学者だった。シュタインの国家学は、今の行政国家・福祉国家論の先駆をなす研究になっている。

十九世紀当時、資本主義による産業化の進展によって発生していた、大衆窮乏化や階級間の対立といった社会問題があった。それを解決するために、法律に抵触しない限りにおいて行政が主導して改革に乗り出し、国民の福祉を増進させるという方策を、シュタインは考えていた。そのためには、その改革を担う行政官僚を養う学問、つまり国家学を構想することが求められる、としたのである。

これは、伊藤にとって魅力のある学説であった。行政により国民の福祉増進政策を推進することは、日本の伝統的な仁政に通じるものがある。そして、それは自由民権派が依拠するミルやルソーの英仏流の思想を乗り越える、先進的な学問であると考えられたからである。

伊藤は青年時代に英米の法学を学んでいたが、その自然法学や社会契約説はすでに過ぎ去りつつあるものであると捉えていた。歴史法学という新しい法学によって、調査項目の理論的確認ができ、その法典化も必ずできるとの見通しが立てられ、大いに自信を固めて伊藤は帰国するのである。

立憲思想に対する国民的合意を形成した「シュタイン詣で」

伊藤は帰朝後、「欧州に行けば、シュタイン先生に会うべし」と各方面に勧めている。これに従い、日本から留学生や官僚、政治家、学者、軍人、実業家、宗教家、皇族まで、多くの人たちがシュタインを訪れている。明治天皇も、侍従藤波言《こと》忠《ただ》（一八五三〜一九二六）をシュタインのもとに派遣して講義を筆録させ、それを三十三回にわたり聴かれている。

シュタインを訪ねる現象は「シュタイン詣《もう》で」と呼ばれ、欧州に行った者は、シュタインを訪ねなくては肩身の狭い思いをしたといわれたほどに流行ったという。

これを、外交官の林董《ただす》（一八五〇〜一九一三）は、「欧州視察に行く者、博士に面会せざれば、有馬に行って温泉に浴せざるの心地したり」（『後は昔の記他——林董回顧録』平凡社東洋文庫）

などと表現している。

「シュタイン詣で」は、伊藤が講義を受けた明治十五年から、シュタインの死去直前の同二十三年まで切れ目なく続いた。

谷干城《たてき》（陸軍軍人・政治家、一八三七〜一九一一）も、その一人である。谷は、明治十九年（一八八六）、ウィーンでシュタインから講義を受けている。そのときに、こんなことをシュタインは話してくれた。

「日本は、将来必ずロシアと戦うでしょう。これは運命です。そして、日露戦争の戦場は、北海道ではなく朝鮮や満洲です。朝鮮は山岳が多いから、山岳戦の用意がいります。それから、海軍は対馬が重要になります」

なんとシュタインは、日露戦争の二十年前にその主戦場を明察して、どのように対抗すべきかを的確に谷にアドバイスしているのである。この恐るべき慧眼《けいがん》も、「シュタイン詣で」の人々を魅了させたのだろう。

シュタインは多くの日本の人士たちと直接会い、講義や談話をしながら、気づいたことがあった。それは、日本人がヨーロッパ各国の制度や法令についてはよく研究し知識が豊富なのに、日本の歴史や文化、伝統について尋ねるとなかなか答えられない、ということだった。

そこで、シュタインは彼らにこう苦言を呈し、助言した。

「日本の歴史や文化、伝統について、それを知らないということは非常に残念なことです。そもそも国家学は、空論によって研究する学問ではありません。自国の歴史や文化、伝統を知らないで、他国のことばかりを追求するのは、研究の基礎を欠いているとしかいえません」

これは当時、欧化主義に流れてバランス感覚を失っていた教養人たちに対して、大いなる鉄槌《てっつい》を下したといってよい。これから日本の法令制度や軍制、経済を構築していこうとする日本人に、確固とした道標を示してくれたものといえるだろう。

直接の面会だけでなく、シュタインのもとには手紙も多く寄せられ、現存するものでも五十七名、百四十八通が遺されている。差出人の中には、伊藤、黒田清隆、陸奥宗光といった面会者の他、福沢諭吉、松方正義《まさよし》、森有礼《ありのり》など直接会わなかった者たちの手紙も含まれている。

日本国内でもシュタイン熱は高まり、早くも明治十五年（一八八二）にシュタインの著作である、荒川邦蔵訳『国理論 全』（独逸学協会）、木下周一・山脇玄訳『兵制学』全三巻（近藤幸止）が出版されている。また、『国民之友』といった大衆紙もシュタインについて特集し、「スタイン博士の名は文明国到る処に隠れ無し。殊に我が国に其《その》崇拝者の至つて多きを見るなり」（六四号、明治二十二年）と書かれていた。

穂積陳重《ほづみのぶしげ》（法学者、一八五五～一九二六）によれば、当時「スタイン（ドイツ語で「石」の意）で固い頭を敲《たた》き割り」という川柳が流行ったという。それほどに、シュタインの書などから啓発された者も、少なくなかったのだろう。政府関係者も政府と敵対していた者たちも、シュタインに影響されるようになったことは、明治憲法の立憲思想に対する国民的合意を形成する上で大きな力となったのである。

神式で執り行われたシュタインの追弔会

伊藤は明治十六年（一八八三）に欧州から帰国すると、翌十七年（一八八四）三月、制度取調局を宮中に設置して憲法起草の準備を進めた。井上とヘルマン・ロエスレル（一八三四～九四）から提出された草案をもとに、金子堅太郎（一八五三～一九四二）と伊東巳代治の協力を得て、同年八月、修正案をつくりあげた。

これに様々な修正が加えられ、明治天皇に捧呈された憲法草案は、枢密院の約八十回に及ぶ審議に付されて成案ができた。成案は直ちに天皇に捧呈され、明治二十二年（一八八九）二月十一日の紀元節の日に発布された。この日の東京は、一面雪で覆われ、真っ白に清められたかのような風景であったという。

明治維新を成し遂げて、わずか二十年で導入された近代憲法であった。「白人以外には立憲国家の運用は不可能」とする〝常識〟が、当時世界の風潮としてあった。

欧米諸国以外に最初に憲法を持ったのはトルコであったが、露土《ろと》戦争（一八七七～七八）の敗北にともない、短期間で廃止されてしまっている。長期間継続し政府も議会もスムーズに運用されたのは、日本において他にない。実質的にアジアで最初の立憲国家になったのは、わが国であるといっていいだろう。

憲法が発布され、伊藤はシュタインに手紙を書き送った。

「シュタイン先生、できあがった大日本帝国憲法はいかなる点においても、他国のいろいろな憲法の単なる模倣ではありません。徹頭徹尾、日本的なものになっています」

シュタインは、憲法発布の翌一八九〇年（明治二十三）九月二十三日にウィーン市郊外ヴァイトリンガウの別宅でこの世を去った。日本では、シュタインを偲んで追弔会《ついちょうえ》が催され、伊藤をはじめ山県有朋《ありとも》、谷干城、乃木希典《まれすけ》、黒田清隆、陸奥宗光、西園寺公望など錚々《そうそう》たる顔ぶれが参列した。そして、追弔会は神式で執り行われた。

奏上された祝詞《のりと》には、

「殊《こと》には汝翁の説言をば真珠白珠と持て帰て、国人事《くにづとこと》と為《なし》つ」

と述べられ、幾多の日本人がシュタインから講義を受け、その教説を「真珠白珠」のように日本に持ち帰ったということが述べられている。

国家固有の歴史伝統に立脚した立憲制を説いたシュタインの法理論は、伊藤を通じて明治憲法の起草に決定的な影響を与えた。それは、追弔会に集った顔ぶれと、この祝詞の「真珠白珠」という言葉が、如実に物語っているといえよう。

苦難に直面した明治日本を助けた米国新聞記者の活躍

条約改正の殊勲者エドワード・H・ハウス

マリア・ルス号裁判に横槍を入れたデロング公使を辞職させる

ニューヨークのブロードウェイで、アメリカ人の群衆が鈴なりになって、八十人余りの日本人たちのパレードを好意と好奇心をもって見つめていた。

日本人たちとは、江戸幕府が派遣した日米条約批准《ひじゅん》のための使節団のことである。一八六〇年（万延元）春に、彼らはニューヨークを訪れ、大歓迎を受けた。実に二万ドルという大金がアメリカ側から支出され、大変なもてなしぶりだった。

新聞・雑誌の記者は、その印象記の取材のために駆け回っていた。その中に、『ニューヨーク・トリビューン』紙の記者、エドワード・ハウス（一八三六～一九〇一）がいた。天性の芸術家的、文学者的気質によってその筆鋒は鋭く、南北戦争（一八六一～六五）のときには、正義感に燃える記事で名を高めたという記者だった。

ハウスはペリーの『日本遠征記』を読んで、日本に憬れていた。今、目の前でその日本使節団に接し、取材しながらその挙措《きょそ》動作、品のよさと、毅然とした姿に感銘を受けていた。そして、この取材でさらに心動かされたハウスは、一八六九年（明治二）に東京特派員として日本に派遣されることになったのである。

ハウスが東京に着任して三年後の明治五年（一八七二）に、マリア・ルス号事件が起こった。ペルー船籍の帆船マリア・ルス号（三五〇トン）は、マカオからリマ（ペルーの首都）に向けて航行中、台風に遭い船体に損傷を受け、修理のため横浜港に緊急入港していた。実は、この船の船倉には清国人奴隷二百三十一名が、ぎっしりと積み込まれていたのである。

そして、虐待に耐えかねた木慶《モクヒン》という清国人が船を脱出し、同じく停泊していたイギリス軍艦に泳ぎ着いて救助を求めてきた、ということだった。その後、木慶は神奈川県庁に引き渡されるが、マリア・ルス号の船長の請求により連れ戻されてしまう。

これを心配したイギリス代理公使ワトソンは、マリア・ルス号を直接調査し、船底で見た清国人たちが凄惨な状態にあり、懲罰を受けたような体の傷も確認した。

奴隷は、当時欧米ですでに法的に禁止される対象になっていた。奴隷は十五世紀以後、植民地で労働に使役されるようになり、十八世紀になると、新大陸に千五百万から二千万ともいわれる大量の黒人奴隷が送り込まれたことがあった。

ところが、十九世紀になるとイギリス、フランスで奴隷禁止が法律化され、アメリカでもリンカーン（一八〇九〜六五）によって奴隷解放宣言が出され、奴隷貿易禁止法が成立していたのである。だが、実際には、奴隷商人の白人は東洋市場に目を向け、暗躍していたのである。

ワトソンは外務卿副島種臣《そえじまたねおみ》（一八二八〜一九〇五）に、不法行為の事実関係と、意見を申告した。奴隷船に怒りを覚えた副島は、断固としてこの問題にあたることを決意する。副島は事件の調査・究明に向けて、神奈川県権令《ごんれい》大江卓《たく》（一八四七〜一九二一）に特別法廷を開設して審問するよう命じた。

大江は自由平等に対する強い情熱をもち、政府に建白して差別呼称廃止を実現させていた男だった。大江ならやれる、と踏んでの副島の抜擢だった。当時の日本国の外国人に対する裁判権は大きく制限されており、裁判の難航が予想された。大江は、この日本の体面をかけた裁判の準備のために、寝食を忘れ、問題に取り組んだ。万国の判例を斟酌《しんしゃく》し、判決案を考えていったのである。

こうして裁判が進み、大江がマリア・ルス号に出航を禁止した上、監禁中の清国人全員を釈放して証人として審理している頃、米国公使デロングから思わぬ横槍が入ってきた。

「ペルーの利益を代表する米国としては、マリア・ルス号に清国人乗客を戻してもらいたい」

との要求を副島につきつけてきたのである。

副島はこれを拒否し、

「清国人の意思によらない限り、帰船は許可できない」

と応じた。

しかし、デロングは、

「アメリカ公使は、ペルー政府の利益代表であることは日本政府に通知済みである」

と譲らない。

このデロングの横槍に対してハウスは、

「デロングは、法的にも人道的にも許されない奴隷貿易を擁護する言動をとっている」

と『トリビューン』(一八七二年九月二十八日)紙上で批判した。

デロングはこれに威信を傷つけられたと思ったか、ハウスの教授職からの追放を日本政府に迫るという挙に出た。

当時ハウスは、記者の傍ら大学南校(開成校、東京帝大の前身)で教壇に立っていた。南校教授がアメリカ公使を非難したということで、日本に迷惑がかかってはいけないと判断したのであろう。ハウスは継続が決まっていた教授職契約の更新を、病気を理由に断り辞職している。

ハウスは一時アメリカに帰国し、再び『トリビューン』(一八七三年五月三日)紙上でデロング批判のキャンペーンを張った。これが功を奏したか、デロングは米国本国に召喚されて公使の職を解かれたのだった。

一方、法廷は、アメリカ、イギリス、フランス、プロシアなど八カ国の領事の立会いのもとで行われていた。各国の干渉を受けながら、丁々発止《ちょうちょうはっし》と論戦が繰り広げられた。ハウスも、清国人全員の即時解放を新聞紙上で主張するなど、日本の立場を有利に導くために奔走した。

裁判は大江の獅子奮迅《ししふんじん》の働きにより、判決が下された。

「船長を無罪とし、彼がマリア・ルス号に乗って、日本領海を出ることは差し支えない。ただし、奴隷二百三十一名は、これを解放する」

こうして、清国人は無事本国へ帰ることができた。

翌年、ペルー使節アウレリオ・ガルシヤが来日した。彼はこの裁判が不法であると非難し、謝罪と損害賠償を求めた。この仲裁裁判は、日本・ペルー承諾のもと利害関係のない第三国政府であるロシア皇帝アレクサンドル二世（一八一八～八一）に委ねられた。

明治八年（一八七五）五月二十九日、ロシア皇帝はペルーの訴えを退け、日本側に賠償責任はない、とする判決を下した。この勝利は人道的見地からはもとより、日本の国権を強化・拡張するためにも、非常に重大な意味を持つものであった。

日本の国権の強化・拡張はそのまま東洋の解放に通じており、実際に日本の活躍で東洋における奴隷売買は、大いに影をひそめることになった。副島の名声は在日華僑《かきょう》や清国民にもよく知られ、感謝の意を表明してきた人はすこぶる多かった。

マリア・ルス号事件における副島の英断と大江の活躍は、東洋解放の先駆者としての自負を国際外交界に示し、世界人権史上不滅の記録を残したといえるだろう。

そして、苦境に立たされた副島と大江を側面から援護する、国際世論の形成に力のあったハウスの功績も、永く記録されるべきものだろう。

明治日本の悲願・不平等条約改正を支援

明治の日本人は、幕末に幕府と欧米諸国が結んだ不平等条約に苦しめられていた。不平等条約は、貿易上の関税問題（関税自主権）ばかりではなく、治外法権についても多くの難問題が生じていた。関税自主権とは輸入の関税を日本が決定できないこと、治外法権とは日本国内の外国人犯罪を日本人が裁けないことである。

こうした問題によって、「甚《はなは》だしきは公使の喜怒に由《よ》りて、公然たる談判も困難を受くるに至る」（『岩倉公実記』中巻、原書房）

と痛恨するような意識が、しだいに政府内に高まっていた。「公使の喜怒」の最たる者は、イギリス公使のハリー・スミス・パークス（一八二八〜八五）であったろう。

ハウスはアメリカの月刊誌『アトランティック・マンスリー』（一八八一年五月号）で、イギリス貿易の利益のために、パークスが日本に対して行った「挑発と激怒と脅迫の外交」を厳しく非難攻撃している。

記事によれば、

「パークスは公的交渉の席上コップを投げつけて割り、この通り日本は粉々になるぞ」

と脅したという。

このハウスの論文は「帝国の苦難」と題され、パークスの横暴さを暴《あば》くとともに日本が結ばされた条約の不平等さを代弁するように書いている。

つまり日米修好通商条約には、条約有効期限がなく、改正が不可能な内容になっていること。そして、日本には関税自主権がなく、大量の安い輸入品によって自国産業が壊滅状態にあり、日本がいかに不利な立場に立たされ、苦難にあっているかといったことを述べているのである。

「条約改正の殊勲者の名誉は、むしろあの人に行くべきだろう」

このような苦難の中、不平等条約を修正して対等条約を獲得することは、政府も民間もともに緊要であることを痛感していた。しかし、その改正は、欧米諸国と同時に改正しなければならない難題であった。外務卿の寺島宗則《てらしまむねのり》（一八三二〜九三）は明治十一年（一八七八）に、関税自主権回復の交渉を始めたが、成功しなかった。

ついで、外務卿になった井上馨《かおる》（一八三六〜一九一五）は、極端な欧化政策をとることになる。鹿鳴館《ろくめいかん》（明治十六年完成）で、上流社会の外国人を招き、維新の元勲《げんくん》たちが慣れないダンスを踊るという悲喜劇が繰り広げられた。井上は日本が西洋化することで条約改正ができると信じ、国際結婚を奨励し、人種改良論まで主張したほどだった。

こうした中、明治十九年（一八八六）に、治外法権の悲哀を痛切に国民が味わうノルマントン号事件が発生する。イギリス貨物船ノルマントン号が、紀州沖で遭難沈没した。このとき、イギリス人船長以下乗組員はボートで脱出したが、日本人乗客二十五人全員は船中に遺棄され溺死した。

事件後、領事裁判権の規定によりイギリス領事が海事審判を行い、船長は無罪となる。イギリス人の非人道と裁判の不当に国民は憤激し、世論に押された政府は兵庫県知事の名で神戸領事館に告訴。結果、船長のみ三カ月の禁錮となったが、賠償は一切行われなかった。これは、日本国民が治外法権の不公正・不公平さを嫌というほど痛感する一事となった。

当時井上は、相当の譲歩をしてでも条約改正を実現させようと、外国人を被告とする裁判には半数以上の外国人判事を採用する、といった条約案を考えていた。しかし、それが明らかになると、ノルマントン号事件の記憶も相まって批判が強まり、明治二十年（一八八七）、内閣はついに改正案を撤回し、井上も外相を辞任することになった。

ハウスは、この年に「日本の苦役」という日本の条約改正に関わる論文を、『アトランティック・マンスリー』誌（十二月号）に載せている。

日本には、近代的な国内法や陸海軍、教育制度、インフラがよく整備され、犯罪も少ない。このように進歩を遂げているのにもかかわらず、稚拙な裁判官のもとで領事裁判が日本で行われている、とハウスは同誌で治外法権の矛盾を慨嘆し、改正を拒む列強に強い疑義を呈しているのである。

井上の後に外相となった大隈重信（一八三八〜一九二二）のもと、明治二十一年（一八八八）に、メキシコとの間に初の平等条約である「日墨修好通商条約」が結ばれ、ハウスは大隈に大きな期待を寄せていた。

ところが、欧米各国との条約改正の文案の中に、

「大審院（最上級審の裁判所）にかぎり外国人判事を任用する」

という条項（井上案の修正）が入っていたため、

「それは治外法権の強化につながる」

と国内各方面から猛烈な反対論が巻き起こった。

このとき、その改正案を屈辱的だとした玄洋社の社員・来島恒喜《くるしまつねき》（一八六〇～八九）に大隈は爆弾を投ぜられ、右足切断の重傷を負い、欧米各国と進めていた条約改正が中止になるという事件（明治二十二年）もあった。

他国との条約改正が動いたのは、日清戦争（一八九四～九五）開戦直前、明治二十七年（一八九四）七月のときである。外相陸奥宗光（一八四四～九七）が、日英通商航海条約を調印し、ようやく治外法権廃止が達成できた。さらに、日露戦争で勝利をおさめ、依然として残っていた関税の片務的な規定は、明治四十四年（一九一一）に日米通商航海条約の調印が外相小村寿太郎（一八五五～一九一一）によりなされ、関税自主権の完全回復が現実のものとなった。

こうして、ここに至り条約改正の目的は、完全に達成されたのであった。寺島外務卿の交渉開始以来、三十三年の歳月を要した条約改正の歴史は、まさに明治外交そのものであった。

かつて陸奥は、

「条約改正の殊勲者を世間では自分たちのようにいっているが、実際はあのハウスという先生が前からとうにお膳立てしておいてくれたのだから、殊勲者の名誉はむしろあの人に行くべきだろう」

と人に洩《も》らしていたという。

ハウスは、この全列強との完全な平等条約の達成を見る前（明治三十四年十二月十八日）に、永眠している。養女にしていた青木琴に看取られ、日本で六十六年間の生涯を終え、東京都北区田端《たばた》にある大龍寺に葬られた。

終始日本の立場に立ち、国際社会に向かって健筆をふるい、日本の正義と苦難を訴えてきたハウス。彼の言論活動が、アメリカやイギリスを動かし、日本の国益に貢献した功績に対して、日本政府から勲二等瑞宝《ずいほう》章が授与された。

その叙勲推薦文は、大学南校でハウスの薫陶《くんとう》を受けた小村寿太郎が書いている。

「米国諸新聞紙上に盛んに日本の文明進歩を称道せしめ、日米条約の改正は啻《ただ》に日本の利益なるのみならず、亦《また》米国の利益なることを縦論して、大いに同国の輿論《よろん》を喚起し、終《つい》に新条約の訂結に満足の結果を得るに至れり」

明治の日本人が苦しんでいるときに、陰になり日向《ひなた》になり支え援護してくれたのが、ハウスであったのである。

私費で第二次世界大戦博物館を設立

日本兵の慰霊に心を尽くすチューチャイ・チョムタワット

タイに建てられた日本兵の戦争博物館

新聞を読んでいた武田浩一は、ある小さな記事に目がとまる。

「平成八年十一月にタイのクンユアムに日本兵の遺品を展示した戦争博物館ができ、地元小学生や村人らが集まり盛大な開館式が行われた。これは、地元クンユアム警察署長チューチャイ氏が尽力された。この博物館の目的は第二次世界大戦の真実を伝えることだ」

読みながら武田は感動に体も心も震えていた。チューチャイに直接会って、お礼の言葉を伝えたいと思った……。

「戦争博物館」ができたメーホンソン県クンユアム郡クンユアム町（現・クンユアム市）は、チェンマイから北西三八〇キロメートル離れたミャンマーと国境を接する地帯にある。チューチャイ・チョムタワット（一九四二〜二〇一六）は、一九九五年（平成七）に警察署長としてここにやってきた。赴任して村の人々の家に挨拶に回るうちに、彼は不思議なことに気がついた。

それは、どの家にも日本兵の遺品を宝物のようにして、一つか二つ必ず持っていたということだった。遺品には、水筒、毛布、鉄兜、飯盒《はんごう》、武器などがあった。聞けば、戦時中日本軍がここに来て、兵舎をつくり四、五年住んでいたという。

しかし、チューチャイには、クンユアムにおける日本兵のことは、当初何も分かっていなかった。同様にクンユアムの若者も何も知らず、村の古老たちの思い出として残されているだけだった。

チューチャイには、それが忘却の彼方に消え去ることが惜しまれた。

〈なんとも、もったいないことだ。今、何もやらなければ、この事実はだんだんと忘れ去られ、いずれ何もなくなってしまうだろう〉

クンユアムの村人たちに助けられた日本兵たち

チューチャイは、本格的にクンユアムにおける日本兵のことを調査しよう、と思い立つ。村を回り、当時を知る村人から聞き取り、メモをとったり、録音したり、ビデオや写真を撮ったりした。そして、「日本兵の遺品を買い取りましょう」と村人たちにいった。そうすると、村のあちこちから遺品がどんどん出てきた。

村人が知っていたのは、戦時中日本軍がここに来て道をつくったということだ。当時、日本とタイは同盟条約を結び、ビルマ（現・ミャンマー）攻略に備えていた。援蔣《えんしょう》ルート（蔣介石《しょうかいせき》軍への軍事援助輸送路）遮断と、南方資源確保のためである。

それは、タイ北部最大の都市チェンマイからメーホンソンまでの道と、メーホンソンからビルマに入る道の二本である。一九四二年（昭和十七）から、主に日本陸軍の第十五師団約六千人が村人たちと一体になり、その建設にあたった。それに伴い、村の経済も活性化したのである。

日本軍は寺院や学校に駐屯し、村人のほとんど全ての家には、日本兵が寄宿していた。村人を雇用して道路建設を行う一方で、日本兵も家の様々な仕事を率先して手助けした。

米搗《こめつ》きや薪割《まきわ》りをしたり、子供の面倒をみたり、稲刈りなどを手伝ったりした。用事のないときは、村人一家と話をして過ごした。そうした多くの深い人間性のある交流によって、日本兵と村人たちの友情が生まれていったのである。

日本軍は、タイを経由してビルマ戦線に向かい制圧。一九四四年（昭和十九）にインド北東部にある連合国の拠点インパールの攻略に向けて、ビルマから乗り込み、「インパール作戦」を展開した。しかし、この戦闘で日本軍は大敗を喫し、ビルマに敗走。その際、三万人以上の日本兵がマラリアなどで死亡した。

ビルマ戦線でも戦況が悪化し、ビルマのケマピューからタイに撤退する日本軍にとって、最初にたどり着く集落がクンユアムであった。ここまで敗走する日本兵のうち、途中数千人が亡くなった。

ボロボロの軍服をまとい、傷つきやせ細った日本兵たちは、クンユアムの寺、村人の家、学校、小さな病院の中に収容され介抱してもらった。村人の家に入れてもらい一緒に住むことになった日本兵は、家の大きさによって違うが、一軒に約五人から二十人いたという。

身につけていた物品を村人と交換して、野菜など食料をわけてもらい、生き延びることができた。村人は傷つき憔悴《しょうすい》した日本兵を親切に迎え入れてくれた。そんなことで、日本兵は村人のためにできることは何でも手伝った。

日本兵の中には村の女性と恋に落ち、結婚した者までいた。この地では、日タイ同盟関係以上の心の交流、つながりがあったのである。

博物館資料を日本語訳して出版

チューチャイは調査をしながら、集めた遺留品を前にして、その持ち主に思いを馳せていた。

〈戦争時の日本兵の持ち物は、生きるための必需品である以外に、持ち主とともに苦楽をともにした友達である。何年もの間、共に任務を遂行した物に、持ち主の愛情と友情は伝わったはずだ。その愛情は、持ち主が去ってしまっても、その物に宿っている。物は持ち主の代わりに子孫や後世の人たちにかつての時代のことを語り、尊敬の念を起こさせる。その時、その物は子孫たちにとって、お金で買うことのできないかけがえのない物になる〉

愛情と友情がこもった遺留品を展示して、後世の人たちがその歴史を学ぶ場を設けたい。この考えが、チューチャイを博物館設立に向かわせた。一九九六年（平成八）にチューチャイは私費を投じて、「クンユアム第二次世界大戦博物館」を建設したのである。

館内にはミニシアターで映像が流され、一千点以上の日本兵たちの携行品や、当時同地に滞在した日本兵が撮影した貴重な写真が、数多く展示されている。館外には、「戦友よ安らかに眠れ」と刻まれた慰霊碑が建立されている。そして、その奥には「異国の友に贈る詩」を日本語とタイ語で綴った、大きな写真入りパネルが掲げられている。

ここを見学したタイの女子高生が感想ノートに、

「こんな遠いところで死んでいった兵隊さんは、どんなに寂しかったでしょう。残された家族の代わりに祈ります」

と書いていたという。

今もタイ人たちは、亡くなった日本兵の冥福を祈ってくれているのである。

この博物館開館を報じた新聞を読んだ武田は、六年後の二〇〇二年（平成十四）、ようやく念願がかないクンユアムに行くことができた。訪れた博物館には、チューチャイが書いた資料冊子が配布されていた。タイ語で書かれているので、多くの日本人が読めないことを武田は残念に思った。

そこで、武田はこれを翻訳しなければならないと考え、チューチャイに手紙を書いた。チューチャイは翻訳を快諾し、励ましの手紙を送ってきてくれた。実は、武田の妻サムヌックはタイ国の人である。日本語が不得手なサムヌックとタイ語が全く分からない武田の協同で、一日数行しか翻訳作業は進まなかったが、毎夜数時間を費やし数カ月後に完成させた。

『第二次世界大戦でのクンユアムの人々の日本の兵隊さんの思い出』（デザインエッグ、二〇〇三〈平成十五〉）が、それである。博物館では、タイ語版とともに武田訳の日本語版も一緒に配布されている。

二〇〇六年（平成十八）六月十三日、天皇皇后両陛下（現・上皇上皇后両陛下）がタイ国ご訪問中に、チューチャイ夫妻は両陛下と謁見する栄誉に浴することができた。そして、天皇陛下から記念館建設への労《ねぎら》いと、資料冊子の日本語版をご覧になっている、とのお言葉を賜ることができたのである。

そして、翌〇七年（平成十九）六月二十七日、在タイ日本大使館で開催された叙勲受章式において、チューチャイは旭日双光《きょくじつそうこう》章を賜った。

受章式の挨拶でチューチャイは、

「私は、我々が共に考え、共に行動し、共に守っていけば、日タイ両国民の関係は益々良くなっていくと信じています」

と述べた。

この言葉にあるように、チューチャイと武田が「共に考え、共に行動し、共に守って」いった博物館は、二〇一二年（平成二十四）にクンユアム市により「タイ日友好記念館」に発展改修され、多くの来館者を迎え、日タイ両国民の友好の礎を築いているのである。

日本の〝豊かな桜〟を守り救ったイギリス人

絶滅の危機にある日本桜に警鐘を鳴らした
コリングウッド・イングラム

庭の「ジャパニーズ・チェリー」が桜研究家へ転身させる

イギリス・ロンドンの南東約八五キロメートルに、ケント州ベネンドンという町がある。かつては農地や牧草地が広がる貧しい村だった。しかし、鉄道がケント州にも敷設《ふせつ》され村の近くに駅ができると、ロンドンの富裕層の別荘地として注目されるようになった。

裕福な家庭に生まれたコリングウッド・イングラム（一八八〇～一九八一）が住んだ邸《やしき》もここにあり、その庭には多くの桜が植えられていた。イギリスでは、イングラムの桜の穂木《ほぎ》や苗が広がり、今では街路樹や公園、果ては王室の庭園にまで進出するようになった。

イギリスの桜の特徴は、多様な品種があることだ。花期も少しずつずれているため、その開花期間は三月末から五月半ばごろまで長く続く。色も白、ピンク、濃いピンクなどがあり、木の高さも低く小さい細いものから、大きく背の高い太いものまであって多様である。

鳥類研究に没頭していたイングラムは、鳥の観察と母方の親戚を訪ねるため、オーストラリアで数カ月を過ごした。その帰途、一九〇二年（明治三十五）九月五日、二十一歳の彼は日本に寄港し、二週間余り滞在した。

当時ヨーロッパでは日本ブーム（ジャポニズム）が起こり、浮世絵や骨董品などの熱心な収集家が多数現れていた。イングラムも日本に興味を持ち、オーストラリアへ行った機会に、立ち寄りたいと思っていたのである。

短期間ではあったが、長崎、神戸、京都、東京など各地を精力的にまわり、田園風景や和服姿の人々の美しさにすっかり魅了されてしまっていた。

「人間と自然がこれほどまで芸術的なセンスで調和している国を、私は今まで見たことがない」

と感嘆し、旅日記に記している。

イングラムは二十六歳で結婚するが、新婚旅行も妻フローレンスとともに日本にやってきている。五年前の日本の印象が、よほど忘れられずにいたのだろう。新居をベネンドンで購入すると、その庭に植えられていた二本の桜の木に、吸い込まれるような気持ちになっていた。

その桜は、日本から来た「ジャパニーズ・チェリー」であった。そのころのイギリスでは日本の桜は珍しく、これがイングラムの桜への情熱をかきたて、後に桜園がつくられるようになる。

〈日本の桜は、まだイギリスではほとんど知られていない。だから、研究すべきことは山ほどある。自分がひとつ、その専門家になってやろう〉

鳥類研究家だったイングラムは、桜研究家に転身した。

三度目の来日で味わった幻滅

それからというもの、イングラムは猛烈な勢いで桜を収集し、庭園づくりを進めていく。イングラムには、祖父と父親の二代で築き上げた財力があり、入手できる桜の品種を残らず購入できた。

また、イギリス内で日本の桜を庭に植えているという人の情報が入れば、すぐさまそこに行き穂木を分けてもらった。そして、それを接木《つぎき》して成長させた。接木とは土台となる植物（台木）に、違う種類の植物（穂木）をつなげる技術である。イングラムは、イギリス原産のセイヨウミザクラを台木にして、様々な桜の穂木をつないで成長させていった。

こうして、イギリスで入手できる品種はすべて集め、その数は百種以上を超えた。新たな品種と桜研究の完成を求めて、一九二六年（大正十五）、イングラムは三たび日本に渡ることになる。

イングラムは、日本でどんな桜に出合えるか、期待に胸を膨らませていた。日本に到着して、さっそく横浜の植木商会に行き、尋ねた。

「日本には、数百の桜の品種があると聞いています。私は珍しい桜を探しに来ました。最近では日本人は、どんな品種に興味を持たれているのでしょうか？」

店の者は、しばらく間をおいてから当惑げに答えた。

「日本の桜は、昔は多くの栽培品種があったんですがねぇ……。残念ながら、今では顧客の関心は花が一重《ひとえ》か八重《やえ》か、だけのようです。このごろは派手さを欠くおとなしい桜や珍しい品種の桜を注文する人は、めったにいません」

それを聞き、イングラムは幻滅感で言葉を失い、頭を打ちつけられたようなショックを受けた。

かつて日本の栽培品種は、四百種類以上あった。野生の桜は十種類自生しているが、自然に変種や新種が生まれたりする。それを人間が選び、人為的に栽培して生まれるのが「栽培品種」である。これまで植木職人たちが、腕によりをかけて新しい品種の開発に精魂を傾けてきたのである。ところが、今の日本では、多品種の桜に対する関心は薄れてきたというのだ。日本人は、伝統を大切にする心を失ったのか……。

イングラムは、深い悲しみに包まれ日記に書いている。

「多様な桜への関心はすでに失われている。あふれるほど多様な品種があった時代は過ぎ去った。島国日本が、長期間にわたって平和と繁栄を享受し、芸術と伝統美を追求した徳川時代は、もはや過去のものとなったのだ」

日本の桜への警告

しかし、悲観して終わってしまってはならぬ、と思い直す。

〈幸い、桜はそれほど短命ではない。まだいくつかの品種を救うことができるかもしれない……〉

江戸時代に開発された豊富な品種の桜は消えつつあったが、日本には野生の桜が十種類ある。山へ行けば、人の手の加わっていない多数の野生の桜が見られるはずだ。

京都、箱根、日光、富士山麓、仙台、松島など各地を回り、興味深い品種に出合うと穂木《き》を伐って、イギリスの自宅まで送るように依頼した。送られてきた穂木は、接木されてイングラムの桜園に加えられた。

日本滞在中、イングラムは「桜の会」の四月二十七日の例会に、依頼されて招待されることになる。「桜の会」の会長は、渋沢栄一（一八四〇～一九三一）。桜の保護とその知識を広めることを目的に、東京の為政者や財界人、華族関係者、学者らに呼びかけて、大正六年（一九一七）に創立された会である。

イングラムは、「日本の桜に対する率直な印象と意見を語ってほしい」とスピーチを頼まれていた。

スピーチは大の苦手だったが、たっての依頼だったので率直な感想を述べると前置きし、いきなり、

「日本の桜は多くが生育不良であり病気も蔓延していて、失望の念を禁じ得ない」

と始め、こう警告した。

「あなた方日本人は、細心の注意と骨身を惜しまぬ努力によって、驚くべき数の桜

の品種を開発しました。ところが近年は、これら多品種の桜を改良しようという努力が一切なされていないばかりか、多くは深刻な絶滅の危機にあります。桜の会の方々の心を打つ愛護精神をもって、熱心に桜を保護していこうとするわずかな人々がいなかったならば、あなた方の祖先があれほど手厚い愛情をもってつくり上げた桜のほとんどは、五十年後には永久に失われてしまうと申し上げても過言ではないでしょう」

イングラムは、論文（「日本のサクラに関する覚書Ⅱ」）の中でも、日本の栽培品種の多くが絶滅に瀕していることに警鐘を鳴らしている。そして、自分の庭ではすでに絶滅した日本の品種が残っており、貴重な桜の保存に貢献していることを書いている。

イングラムの桜園は、開花時期になると地元住民が「まるでおとぎの国のよう」と評する、すばらしい光景をもたらす。三月中旬から五月中ごろにかけて、多品種の桜が、時期を違《たが》えながら花を咲かせる。いつしかイングラムは、住民たちから「チェリー・イングラム」と呼ばれるようになっていた。

祖国に甦った絶滅品種「太白」

このイングラムの桜園の中に、「太白《たいはく》」という名の日本で絶滅したとされる品種があった。純白の大輪一重の花をつける、オオシマザクラ系の桜である。イングラムは、「桜の会」のスピーチで、この太白を「日本の土にお返ししたい」と述べていた。

そこで、帰英後の冬に早速、太白の穂木を、第十四代佐野藤右衛門《とうえもん》（一八七四～一九三四）・第十五代藤右衛門（一九〇〇～八一）のもとに送った。佐野の家は、京都の造園会社「植藤造園《うえとうぞうえん》」の代々の当主・藤右衛門を襲名し、由緒ある桜を守り手入れをする「桜守《さくらもり》」として知られている植木職人である。

イングラムから送られてきた穂木は、残念ながら到着時には枯死《こし》しており失敗。穂木は冬季にしか伐採できないので、一年に一度しか送ることができない。毎年送ってもらったものの、四度も失敗した。

どうやら船便では赤道付近の暑さでやられてしまうのではないかと気づき、五年目はシベリア鉄道で送ってもらうことにした。穂木は鉄道で終点のウラジオストクからナホトカ港に運ばれ、船で舞鶴港へ到着するという経路をたどり、ついに太白の穂木は生きて日本の土を踏んだ。太白は植藤造園で接木され各地へ巣立ち、祖国に甦ったのである。

イングラムは、太白の日本への里帰りを生涯誇りにして、多くの人々に物語っていたという。この太白里帰りの物語は、世界の園芸関係者の間で、今も伝説のように語り継がれている。

実は全国中に染井吉野《そめいよしの》が広がったのは、日本の一千年以上続く桜の歴史から見ると、わずか百五十年ほどの期間でしかない。染井吉野は豪華で見栄えがよく、しかも成長が早くて接木の成功率も高く、効率的だった。だから、明治以降新しい景観づくりには都合がよく、急速に広まり日本の桜の風景を決定づけた。

伝統的には、野生種、栽培種を合わせて多種多様で、豊かな桜を慈しみ楽しんできた歴史の方が長いのである。染井吉野はクローンで皆同じ桜だから、一斉に咲いて一斉に散っていく。しかし、昔は一本一本が個性を持ち、開花も違い花の時期は長く続いた。土地土地《とちどち》の花の咲き具合によって、籾《もみ》まきの時機を調節して昔の水稲栽培は行われていたのである。

一九四八年（昭和二十三）、イングラムは『観賞用の桜』という著書を出版した。彼の三十年にわたる観察と研究の集大成であり、ヨーロッパで初めて日本の桜を本格的に解説した書である。

この書の中で、一千年以上に及ぶ日本の桜文化史に触れ、江戸時代に最盛期を迎え、明治以降衰退の道をたどる過程を書いている。そして、消滅する桜の救済活動を行った人々について名前をあげ、さらに野生種と栽培種について一つ一つ詳細な解説が加えられている。

『観賞用の桜』は、イギリス社会に「桜ブーム」を巻き起こし、各地に多様な桜が植えられた。それはちょうど、近代以前の日本の桜の風景を再現しているかのように、早春から晩春まで次々に美しい花を咲かせるのである。

太白は京都へ行けば、佐野藤右衛門邸をはじめ平野神社、二条城、府立植物園、梅小路公園などで見られる。東京なら新宿御苑で、甲府なら毎年行われる「太白桜祭り」で愛《め》でることができる。

戦後植えられた染井吉野は、各地で植え替え時期に来ているが、これを機に本来の日本の桜の風景について改めて考えてみてはどうだろう。そのとき、イングラムがもたらしたイギリスの桜の風景は、私たちに多くのことを物語ってくれるのではないだろうか。

トルコから日本へ、九十五年目の恩返し

テヘランに飛行機を飛ばし、日本人を救え

オザル首相への緊急コンタクト

トルコ・イスタンブール伊藤忠商事事務所に、東京本社から一本の電話がかかってきた。所長の森永堯《たかし》（一九四二～二〇一四）が、受話器をとった。

「森永君、イランにいる在留邦人が、乗せてくれる飛行機がなくて脱出できないでいる。ついては君から、邦人救援のためトルコ航空機を飛ばしてもらうよう、トルコ政府にはたらきかけてもらえないか⁉」

藁にもすがる思いでかけてきているということが、電話口の声からも察せられた。

そのころ、イランのテヘランに在留していた日本人は、約四百五十人。その日本人たちに緊急事態が発生していた。

トルコと国境を接するイランでは、イラクとの戦争（一九八〇年勃発）が激しさ

を増していた。両国が互いの都市を攻撃し合い、ついに一九八五年（昭和六十）三月十七日、イラクのサダム・フセイン（一九三七～二〇〇六）大統領が驚くべき声明を発表したのである。

「一九八五年三月十九日二十時以降、イラン領空を通過する航空機は、民間機といえども安全を保障しない」

民間航空機もすべて撃ち落とすというのは、歴史的に類を見ないような声明だった。

森永が電話を受け取ったのは、その声明のあった翌十八日のこと。妙案が浮かばず、焦っていた。刻一刻、時は過ぎていく。責任感もからまり、もう心臓がつぶれそうだった。

〈多くの人の命がかかっている。絶対に失敗はできない。でも、どうしてトルコなんだ？　理屈に合わないではないか。政府に働きかける？　どうすればいい……。トルコは、トップ・ダウンの国だったな。ならば、そのトップにお願いしよう。そうだ！　オザル首相にお願いしよう。それしかない〉

そう決めた森永は、直接オザルに電話をかけた。トゥルグト・オザル（一九二七～九三）は政治家になる前に、民間企業の顧問として活躍していた。そのころから森永は、オザルの事業を支援して意気投合し、よく電話をかけあう仲になっていた。

「緊急」ということを伝え、幸いに電話がすぐつながった。

「オザル首相、助けてください」

「どうした？　モリナガさん」

「オザル首相、トルコ航空に指示を出して、テヘランにいる日本人を救出してください。自衛隊の救援機を出そうにも、サダム・フセインの出した警告期限に間に合いません。今、日本が頼れるのは、トルコしかないんです」

オザルは、森永の話を黙って聞いていた。沈黙が続く……。

やがて、オザルが口を開いた。

「わかった。心配するな、モリナガさん。後で連絡する」

森永は、しばし呆然とした。何の質問もなく「心配するな」といわれ、驚きで胸を詰まらせ、

「有難うございます。オザル首相」

というのが精一杯だった。

「自国民優先」で搭乗拒絶される日本人

突如なされたフセインの声明に、イランに住む外国人たちは動揺し色めき立っていた。在住日本人たちも、とるものもとりあえず家族を連れ、メヘラバード空港に向かった。途中車が長蛇の列をなし、クラクションがあちこちで鳴り響く。

空港ビルは、出国希望者が殺到し大混雑となっていた。日本の航空会社はテヘランに乗り入れていないので、外国の航空機で脱出しなければならない。しかし、どの航空会社のカウンターでも、「ノー・ジャパニーズ」といわれ、受付を拒否された。

たとえチケットを入手していても、航空会社の自国民が優先されたのだ。脱出する望みは、もうほとんどない。日本人たちは、絶望感と焦燥感でパニック状態に陥ってしまっていた。

当時、駐イラン日本大使は、フセインの声明の前日十六日に、日本へ救援機派遣要請を出していた。

だが、

「民間機は帰りの安全が保障されない限り派遣できず、自衛隊機は国会の承認がいるため間に合わない」

という回答が返ってきた。

「そんなバカな」

と大使館員たちは頭を抱えた。

結局、各国は自国民救出のため救援機を飛ばしたが、日本のみそれができず、戦火の中にとりのこされてしまったのだった。


何としても邦人たちに連絡を！


十八日の夜、トルコ航空にテヘランへのフライト要請が伝わった。トルコ航空では、職務上の命令でも、危険な業務であると本人が判断した場合は、拒否することができる。そこで、有志を募った。

乗務員全員が、

「私に行かせてください」

と手を挙げた。

誰も異論を唱える者は、いなかったのである。

機長は、オルハン・スヨルジュ。トルコ空軍を三十一歳で退役し、トルコ航空で三十年近いキャリアをもつベテランパイロットだ。特別な命令を受けたときこそ、人間は失敗する。平常心で任務を遂行することに専念しようと気を引き締めていた。

客室乗務員のエミネ・キョプルルは緊張していた。恐怖はなかったが、有意義な仕事だと興奮していた。

同じ乗務員のミュゲ・チェレビも、これが日本人を助けるチャンスだと思っていた。

「どうしても助けたい、九十五年前の恩返し（沈没したトルコ軍艦エルトゥールル号の乗組員を日本人が救助した）をしたい、助けに行けることは私の誇りだ」

と、何か自分を超えた使命感のようなものを感じていた。

チェレビは、当時妊娠していた。しかし、それが知れたら、このミッションにつけない。彼女は妊娠の事実を会社に告げず、また夫にもこのミッションをいわず黙って参加したのだった。

――数時間後、森永にオザルから電話が入った。固唾《かたず》をのんで、オザルの言葉を待つ。

「すべて手配した。心配するな、モリナガさん。テヘランにトルコ航空の特別機を出そう。詳細はトルコ航空と連絡をとったらいい。日本の皆さんによろしく」

体から湧き上がる喜びを感じながら、森永は何度もオザルに礼と感謝を述べ、この朗報を東京に伝えた。この吉報は、その日の夕方に駐イラン・トルコ大使から日本大使へも伝えられた。

「明日、トルコ航空機が二機来ます。日本人の搭乗者数を教えてください」

その頃、在留邦人は空襲を避けるため、自宅を出て疎開生活をしていた。大使館員たちが連絡しようにも、全くつながらない。このままだと、せっかくのチャンスを逸するばかりか、明日救援機を差し向けてくれるトルコに顔向けできなくなる。搭乗者ゼロ——そうなれば、日本の大失態であり、信義を失うことになる。

重くるしい空気が広がっていたそのとき、ある館員が口を開いた。

「もしかしたら、皆さんはホテルに行っているのかもしれません。以前建設関係の人たちから聞いた話ですが、テヘランで何かのとき逃げ込めるのは、ホテルしかないそうです」

「なるほど、そうかもしれんな。よし急いで、テヘラン中のホテルをまわっていこう」

テヘランの夜は、危険が増していた。灯火管制で街中真っ暗闇である。その中をイラン人ドライバーの運転でライトも点けずに走行し、館員が外資系のホテルを片っ端からまわった。予想は的中した。やはり日本人は、ホテルに逃げ込んでいた。

「皆さん、明日幸いなことに、トルコ航空が救援機を出してくれることになりました。明日の午後、空港に行って、それに乗ってください。そして、このことを知っている限りの人たちに連絡してください」

あらゆる連絡網を通して情報を受けた邦人たちは、「なぜトルコが？」という疑念と不安を抱えながらも、とにかく市内のエージェントで長時間並び、チケットを受け取った。

何千人とごったがえす飛行場に駆けつけると、トルコ航空のカウンター前にも長蛇の列ができていた。搭乗を待つ間、ドーンという爆発音が至近距離で聞こえてきた。まだ、安心などできない状態だった。

エルトゥールル号救出劇を今も忘れていない

トルコ航空機は二機、十九日朝、アンカラで情報取得と給油を済ませ、イランに向かった。メヘラバード空港に到着したのは夕方近くだった。

〈来た！……本当に来た〉

トルコ国旗をデザインした、赤い尾翼のジェット機が目に映った。それは、邦人たちにとって夢にまで見た光景だった。

エンジニアが飛行機のドアを開けると、日本人たちが駆け込んで来て飛行機に搭乗した。恐怖を感じながらも、脱出できるという喜びにあふれていた。女性の客室乗務員は緊張しながらも、にこやかに普通の定期便と同じ態度で乗客たちを出迎えてくれた。

乗客たちは、早く飛び立ってほしい、爆撃が来ないでほしい、とただそれだけを祈っていた。

飛行機は十七時十分飛び立った。ワーッという歓声があがり、拍手が沸き起こった。

フライト中、食事もお酒も出されたことは、乗客を驚かせ、また喜ばせた。

トルコ国境を越えたところで、機長のアナウンスが入った。

〝Welcome to Turkey!（トルコへ、ようこそ）〟

機内に大歓声があがった。二百十五名の日本人の命が、救われた瞬間だった。

このフライト中――実は日本人たちを乗せた旅客機の脇の左右に、ピタリと寄り添うように戦闘機二機が飛んでいた。トルコは航空機だけでなく、国軍も警護に来てくれていたのだ。しかも、領空侵犯をしてまでも、守ってくれていたのである。

イランに差し向けてくれた飛行機には、トルコ人ビジネスマンたちも乗り合わせていた。しかし、乗り切れなかった五百名近くのトルコ人たちは、日本人に座席を譲り、なんと車で陸路を三日以上かけて帰国したのだった。

これを、当時のトルコ国民やマスコミ、政界は全くそれを問題視しなかった。問題視しないばかりか、この救出劇を「誇りに思う」というトルコ国民からの電話が首相官邸で鳴りやまなかったのである。

後に駐日トルコ大使・ネジアティ・ウトカンは、この救出劇の理由を次のように語っている。

「エルトゥールル号の事故に際して、日本人がなしてくださった献身的な救助活動を、今もトルコの人たちは忘れていません。私も小学生の頃、歴史の教科書で学びました。トルコでは子どもたちでさえ、エルトゥールル号の事を知っています。今の日本人が知らないだけです。それで、テヘランで困っている日本人を助けようと、トルコ航空機が飛んだのです」（『串本町ホームページ』「絆のものがたり　日本とトルコの絆をつないだ物語」）

テヘランで絶望していた日本人たちは、トルコの人たちの〝九十五年目の恩返し〟によって救われたのである。

主な参考文献一覧

前編

第一章

北室南苑編著『陽明丸と８００人の子供たち　日露米をつなぐ奇跡の救出作戦』（並木書房、平成二十九年）。

岡本文良『しあわせまで三万キロ　ドイツ兵の墓を守った高橋夫妻の真心』（くもん出版、昭和五十九年）。

星亮一『松江豊寿と会津武士道　板東俘虜収容所物語』（ベスト新書、平成十八年）。

鹿島守之助『日本外交史12パリ講和会議』（鹿島研究所出版会、昭和四十六年）。

ＮＨＫ取材班編『ＮＨＫその時歴史が動いた　コミック版　決死の外交編』（ホーム社、平成十九年）。

若槻泰雄『排日の歴史　アメリカにおける日本人移民』（中公新書、昭和四十七年）。

北原惇『なぜ太平洋戦争になったのか　西洋のエゴイズムに翻弄された日本の悲劇』（ＴＢＳブリタニカ、平成十三年）。

加瀬英明『ムルデカ一七八〇五』（自由社、平成十三年）。

ＡＳＥＡＮセンター編『アジアに生きる大東亜戦争』（展転社、昭和六十三年）。

森山諭『真珠の詩　韓国孤児の母・田内千鶴子の生涯』（真珠の詩刊行委員会、昭和五十八年）。

田内基『愛の黙示録　母よ、そして我が子らへ』（汐文社、平成七年）。

藤咲康夫『愛のかけ橋はきえず　韓国の孤児をそだてた望月カズの一生』（くもん出版、昭和六十年）。

第二章

千葉県史料研究財団編『千葉県の歴史　通史編・近世二』（千葉県、平成八年）。

野田周『幕末の大津波』（東京図書出版、平成二十七年）。

森下研『明日へ虹をかけた船　日露友好のシンボル・ヘダ号建造物語』（ＰＨＰ研究所、平成八年）。

真鍋重忠『日露関係史　１６９７～１８７５』（吉川弘文館、昭和五十三年）。

新里堅進翻案・作画『かがり火　ロベルトソン号救助物語』（上野村役場企画調整課、平成八年）。

サムエル・フォール／中山理監訳『ありがとう武士道　――第二次大戦中、日本海軍駆逐艦に命を救われた英国外交官の回想』（麗澤大学出版会、平成二十一年）。

惠隆之介『海の武士道』（産経新聞出版、平成二十年）。

司馬遼太郎『坂の上の雲』八（文春文庫、昭和五十三年）。

拳骨拓史「ユダヤ人を救った天皇と満洲」（『歴史通』第三八号、平成二十七年）七四～八〇頁。

上杉千年『ユダヤ難民を助けた日本と日本人　八紘一宇の精神日本を救う』（神社新報社、平成十九年）。

北出明『命のビザ、遥かなる旅路　杉原千畝を陰で支えた日本人たち』（交通新聞社新書、平成二十四年）。

北出明『続命のビザ、遥かなる旅路　７枚の写真とユダヤ人救出の外交官たち』（パレード、令和二年）。

山田純大『命のビザを繫いだ男　小辻節三とユダヤ難民』（ＮＨＫ出版、平成二十五年）。

吉岡秀人『死にゆく子どもを救え　途上国医療現場の日記』（冨山房インターナショナル、平成二十一年)。

吉岡秀人『飛べない鳥たちへ　無償無給の国際医療ボランティア「ジャパンハート」の挑戦』(風媒社、平成二十一年)。

ふじもと　みさと『命を救う　心を救う　途上国医療に人生をかける小児外科医「ジャパンハート」吉岡秀人』(佼成出版社、令和三年)。

服部匡志『人間は、人を助けるようにできている』(あさ出版、平成二十三年)。

第三章

山田寅次郎研究会(ワタリウム美術館)編『山田寅次郎宗有　民間外交官・実業家・茶道家元』(宮帯出版社、平成二十八年)。

和多利月子編著『明治の男子は、星の数ほど夢を見た。　オスマン帝国皇帝のアートディレクター山田寅次郎』(産学社、平成二十九年)。

石澤良昭『アンコール・ワットと私』(連合出版、平成三十年)。

岩下明日香「参道」(『小説野生時代』第一八二号、平成三十年)一四二〜一七〇頁。

NHKプロジェクトX制作班編『プロジェクトX　挑戦者たち12　起死回生の突破口　アンコールワットに誓う』(NHK出版、平成二十三年)。

杉山満丸『グリーン・ファーザー　インドの砂漠を緑にかえた日本人・杉山龍丸の軌跡』(ひくまの出版、平成十三年)。

西岡京治・里子『ブータン　神秘の王国』(NTT出版、平成十年)。

木暮正夫『ブータンの朝日に夢をのせて　ヒマラヤの王国で真の国際協力をとげた西岡京治の物語』（くもん出版、平成八年）。

中村哲『天、共に在り　アフガニスタン三十年の闘い』（NHK出版、平成二十五年）。

宮田律『武器ではなく命の水をおくりたい　中村哲医師の生き方』（平凡社、令和三年）。

後編

第一章

平川祐弘『小泉八雲とカミガミの世界』（文藝春秋、昭和六十三年）。

牧野陽子『ラフカディオ・ハーン　異文化体験の果てに』（中公新書、平成四年）。

平川祐弘『アーサー・ウェイリー　『源氏物語』の翻訳者』（白水社、平成二十年）。

瀬野文教『リヒャルト・ハイゼ物語　白虎隊の丘に眠る或るドイツ人の半生』（中央公論新社、平成二十四年）。

リヒャルト・ハイゼ／瀬野文教訳『日本人の忠誠心と信仰』（草思社、平成九年）。

海野優『ポトマックの桜物語　桜と平和外交』（学文社、平成二十九年）。

第二章

宮永孝『ポンペ　日本近代医学の父』（筑摩書房、昭和六十年）。

司馬遼太郎『胡蝶の夢』一～四（新潮文庫、昭和五十八年）。

瀧井一博「『日本におけるシュタイン問題』へのアプローチ」（『人文学報』第七七号、平成八年）二七～六二頁。

星乃治彦・大久保里香「『ドイツ一辺倒』と伊藤博文の独墺憲法調査」（『福岡大学人文論叢』第五〇巻第四号、平成三十一年）九二九～九五九頁。

八木秀次『明治憲法の思想　日本の国柄とは何か』（ＰＨＰ新書、平成十四年）。

三好徹『大江卓　叛骨の人』（学陽書房、平成十年）。

鹿島守之助『日本外交史２　条約改正問題』（鹿島研究所出版会、昭和四十五年）。

チューチャイ・チョムタワット／武田浩一・ソムヌック訳『第二次世界大戦でのクンユアムの人々の日本の兵隊さんの思い出』（デザインエッグ、令和元年）。

阿部菜穂子『チェリー・イングラム　日本の桜を救ったイギリス人』（岩波書店、平成二十八年）。

森永堯『トルコ　世界一の親日国　危機一髪！イラン在留日本人を救出したトルコ航空』（明成社、平成二十二年）。

門田隆将『日本、遥かなり　エルトゥールルの「奇跡」と邦人救出の「迷走」』（角川文庫、令和三年）。

本書は、書き下ろし作品です。

本書の著者印税の一部は、著者の意向によりウクライナ大使館へ寄付されます。

著者紹介
渡邊 毅（わたなべ　つよし）
昭和35年、愛知県名古屋市生まれ。皇學館大学文学部国史学科卒業。現在、皇學館大学教育学部教授。専門は道徳教育。主な著書に、『道徳教育における人物伝教材の研究　人は偉人を模倣する』（ナカニシヤ出版）、『伊勢の神宮のおはなし　子供たちに伝えたい式年遷宮』（明成社）、『道徳の教科書　善く生きるための七十の話』『愛国心の教科書　誇り高く生きるための五十の話』（以上、PHP研究所）など。

JASRAC出2303317-301

PHP文庫　日本と世界の架け橋になった30の秘話
「戦争と平和」を考えるヒント

2023年6月15日　第1版第1刷

著　者　渡　邊　　毅
発行者　永　田　貴　之
発行所　株式会社ＰＨＰ研究所
東京本部　〒135-8137 江東区豊洲5-6-52
ビジネス・教養出版部　☎03-3520-9617（編集）
普及部　☎03-3520-9630（販売）
京都本部　〒601-8411 京都市南区西九条北ノ内町11
PHP INTERFACE　https://www.php.co.jp/
組　版　有限会社エヴリ・シンク
印刷所　大日本印刷株式会社
製本所　東京美術紙工協業組合

　ISBN978-4-569-90323-1

PHP文庫

道徳の教科書

善《よ》く生きるための七十の話

渡邊 毅 著

日々を「善く生きる」ためには何が必要か？ 吉田松陰や『武士道』など偉大な先人たちの言葉や書物に学ぶ、人生を前向きに生きる知恵！